A dignidade de Maria de Nazaré
e a da mulher contemporânea

Editora Appris Ltda.
1.ª Edição - Copyright© 2021 dos autores
Direitos de Edição Reservados à Editora Appris Ltda.

Nenhuma parte desta obra poderá ser utilizada indevidamente, sem estar de acordo com a Lei nº 9.610/98. Se incorreções forem encontradas, serão de exclusiva responsabilidade de seus organizadores. Foi realizado o Depósito Legal na Fundação Biblioteca Nacional, de acordo com as Leis nos 10.994, de 14/12/2004, e 12.192, de 14/01/2010.

Catalogação na Fonte
Elaborado por: Josefina A. S. Guedes
Bibliotecária CRB 9/870

B697d
2021
	Bona, Clarice Amabile
	    A dignidade de Maria de Nazaré e a da mulher contemporânea / Clarice Amabile Bona. - 1. ed. - Curitiba : Appris, 2021.
	    109 p. ; 21 cm.
	
	    Inclui bibliografia.
	    ISBN 978-65-5820-991-1
	
	    1. Mulheres – Felicidade. 2. Mulheres - Fenomenologia. 3. Mulheres (Teologia). I. Título. II. Série.
	
	                                                         CDD – 305.42

Livro de acordo com a normalização técnica da ABNT

Appris
editora

Editora e Livraria Appris Ltda.
Av. Manoel Ribas, 2265 – Mercês
Curitiba/PR – CEP: 80810-002
Tel. (41) 3156 - 4731
www.editoraappris.com.br

Printed in Brazil
Impresso no Brasil

Clarice Amabile Bona

A dignidade de Maria de Nazaré
e a da mulher contemporânea

FICHA TÉCNICA

EDITORIAL	Augusto V. de A. Coelho
	Marli Caetano
	Sara C. de Andrade Coelho
COMITÊ EDITORIAL	Andréa Barbosa Gouveia (UFPR)
	Jacques de Lima Ferreira (UP)
	Marilda Aparecida Behrens (PUCPR)
	Ana El Achkar (UNIVERSO/RJ)
	Conrado Moreira Mendes (PUC-MG)
	Eliete Correia dos Santos (UEPB)
	Fabiano Santos (UERJ/IESP)
	Francinete Fernandes de Sousa (UEPB)
	Francisco Carlos Duarte (PUCPR)
	Francisco de Assis (Fiam-Faam, SP, Brasil)
	Juliana Reichert Assunção Tonelli (UEL)
	Maria Aparecida Barbosa (USP)
	Maria Helena Zamora (PUC-Rio)
	Maria Margarida de Andrade (Umack)
	Roque Ismael da Costa Güllich (UFFS)
	Toni Reis (UFPR)
	Valdomiro de Oliveira (UFPR)
	Valério Brusamolin (IFPR)
ASSESSORIA EDITORIAL	Lucas Casarini
REVISÃO	Luana Íria Tucunduva
PRODUÇÃO EDITORIAL	Jhonny Reis
DIAGRAMAÇÃO	Daniela Baumguertner
CAPA	Gabriella de Campos Borges
COMUNICAÇÃO	Carlos Eduardo Pereira
	Débora Nazário
	Kananda Ferreira
	Karla Pipolo Olegário
LIVRARIAS E EVENTOS	Estevão Misael
GERÊNCIA DE FINANÇAS	Selma Maria Fernandes do Valle
COORDENADORA COMERCIAL	Silvana Vicente

A todos os que acreditam no ser humano.

À memória de meus saudosos pais: Waldemar Bona e Anna Paterno Bona.

AGRADECIMENTOS

Minha eterna gratidão:

À minha querida família, irmã, irmão, sobrinha e sobrinho.

Aos estimados Diácono Edilson Costa e Pe. Francisco dos Santos Lima, que me proporcionaram acolhimento e estímulo, partilhando comigo seus valores e conhecimentos.

Ao querido amigo professor Luís Eduardo Vieira de Souza, autor da capa deste livro.

SUMÁRIO

1 INTRODUÇÃO 11

2 A FENOMENOLOGIA EM MARIA DE NAZARÉ 17
   2.1 O MISTÉRIO DA ENCARNAÇÃO 20
   2.2 MARIA E O MENINO JESUS 27
   2.3 MARIA NA VIDA PÚBLICA DE JESUS 31
   2.4 A DISCÍPULA DE SEU FILHO 36
   2.5 A ASSUNÇÃO, A MEDIANEIRA 40
   2.6 MARIA MÃE DA IGREJA 44
   2.7 A MULHER COMO DEUS A SONHOU 48

3 A FENOMENOLOGIA DA MULHER CONTEMPORÂNEA 51
   3.1 A MULHER CONTEMPORÂNEA 54
   3.2 O PAPEL DA MULHER CONTEMPORÂNEA NO TRABALHO E NA SOCIEDADE 66
   3.3 TEOLOGIA FEMINISTA 73
   3.4 O SER MULHER E AS SUAS DORES 79
   3.5 O DOM DA ESPOSA 83
   3.6 AS DUAS DIMENSÕES DA VOCAÇÃO DA MULHER 89

4 A FELICIDADE DA MULHER CONTEMPORÂNEA NO MODELO DE MARIA DE NAZARÉ 95

CONCLUSÃO 99

REFERÊNCIAS 101

FOTOS 105

# 1

INTRODUÇÃO

Deus criou o ser humano atribuído de razão e lhe concedeu a dignidade da liberdade de decisão, para que pudesse por ele mesmo buscar seu Criador. A liberdade está baseada na razão e na vontade, de agir ou não agir, e é uma fonte de crescimento e amadurecimento na verdade e na bondade. A liberdade é no ser humano finita e falível. O ser humano pecou livremente, abandonando o projeto do amor de Deus; desse mau uso da liberdade as consequências foram os infortúnios e as opressões que atuam e saem dos corações humanos; disso surge a autossuficiência, a ganância, a arrogância, a discriminação por gênero – homem, mulher –, a desvalorização do outro, e tantos outros males. A liberdade faz do ser humano um sujeito moral que tem suas fontes, ou as fontes da moralidade em seus atos no objeto escolhido, a intenção e as circunstâncias da ação, tanto para o bem como para o mal. O Catecismo da Igreja Católica, em seu § 1762, diz: "O ser humano se ordena para a bem-aventurança por meio de seus atos deliberados: as paixões ou sentimentos que experimenta podem dispô-lo e contribuir para isso". Os sentimentos e as paixões em si mesmos não são bons, nem maus. Sobre a consciência moral, o Catecismo da Igreja Católica, em seu § 1776, diz: "Na intimidade da consciência, o homem descobre uma lei. Ele não a dá a si mesmo. Mas a ela deve obedecer. [...]". E em seu § 1778 diz: "A consciência moral é um julgamento da razão pela qual a pessoa humana reconhece a qualidade moral de um ato concreto que vai planejar, que está a ponto de executar ou que já praticou". Assim, a retidão da consciência moral é o que implica e exige a dignidade do ser humano.

Portanto, o valor de cada pessoa é próprio do ser humano e está ligado ao sentido do existir. A dignidade é da natureza do ser, bem como a vontade de felicidade, que é a causa da razão (racionalidade). A vontade de felicidade é respondida com as Bem-Aventuranças (moral). Livre o ser foi criado, sinal da imagem de Deus, tendendo para o bem e para o mal. Por si, por sua vontade, é capaz de ir ao encontro do verdadeiro bem. A vocação humana para a felicidade vem de Deus, e esta está presente no mais íntimo do ser, santuário da consciência humana. Assim, a dignidade é a prática do amor; é a experiência do Amor de Deus, em que a centralidade do ser habita. Ainda, a dignidade de todo ser humano está em Deus, está na imanência do gênero humano (homem e mulher), está no amor incondicional de Deus por cada ser humano, está na imagem e semelhança com o Criador. O valor de cada pessoa é próprio do ser humano e está ligado ao sentido do existir.

Maria de Nazaré. Maria, uma mulher desconhecida, acolhida por Deus para ser a mãe de seu Filho. Nazaré, uma pequena cidade em Israel, que, quando Maria ali viveu, não passava de uma pequena comunidade, com poucas famílias ali habitando. Clodovis Boff (2003, p. 7) escreve sobre o cotidiano de Maria de Nazaré:

> [...] a Mãe de Jesus viveu como vive a maioria do povo. Ela partilhou as humildes condições de vida de milhões e milhões de donas-de-casa. Do ponto de vista dos "vencedores", ela parece uma mulher que pertenceu às multidões "sem-história", ao mundo dos que vivem na obscuridade e no anonimato. Em breve, ela viveu "sem pompa e circunstância.

Nesse sentido, Maria de Nazaré pertence para sempre ao universo dos pobres e excluídos deste mundo (BOFF, 2003, p. 7). O que faz Maria de Nazaré ser uma mulher singular? Qual é a sua essência? Clodovis Boff (2003, p. 11) acrescenta: "Mais de que qualquer outra figura neotestamentária, essa mulher é avessa a todo tratamento mitológico, gnóstico ou docetista, refúgio decididamente toda idealização intelectual ou meramente poética". Ou seja, é uma mulher de carne e osso, de natureza humana, plena de graça, plena da vontade de Deus. Mulher que soube, em sua humildade, acolher o Nome de Deus, a vontade de Deus; com uma sabedoria própria dela, soube reconhecer-se secundária, que antes dela tem um Outro mais alto do que ela; isolando-se de sua subjetividade, soube acolher o amor de Deus por ela. Confiando no Nome de Deus, soube reconhecer que não estava sozinha e que o fundamento de sua existência é Deus e, assim, foi toda revestida de luz, pois se abriu à graça de Deus.

A partir da dignidade teológica de Maria de Nazaré, tendo em vista a fenomenologia – que não precisa incorrer em um idealismo –, encontra-se a singularidade da mulher contemporânea, a sua essência. Mulher contemporânea humana, casada, que tem filhos ou não, que trabalha "em casa e/ou fora"; mulher que sofre, que é feliz, que é marginalizada socialmente e economicamente (por ser mulher, ser estrangeira, por prostituição ou vícios), que encontra em Maria de Nazaré um exemplo de vida. Por Maria de Nazaré ser uma mulher do Povo de Deus; não uma rainha humana, no sentido do poder, mas uma rainha diferente, uma rainha que serve aos seus. Uma Mulher repleta de virtudes, que soube viver o seu contexto em dignidade plena. O ser humano tende a identificar-se com Maria de Nazaré, Mãe do Filho de Deus e Mãe de cada ser humano. Na compreensão da natureza do feminino, em Maria, destacam-se as implicações fenomenológicas enquanto universo, não apenas religioso, mas também antropológico, ontológico, científico, pastoral e social, que perscrutam a compreensão das profundezas do ser feminino e masculino, no ensejo de uma humanidade mais humana e humanizante. Maria de Nazaré, com seu exemplo, plenificou a mulher e ressignificou a essência feminina e masculina.

A fenomenologia é um método descritivo que tem como princípios básicos o retorno às coisas mesmas, ou à essência das coisas, ou ainda, o sentido delas. Edith Stein aborda três pontos fundamentais da fenomenologia: a objetividade da consciência, a intuição como método e a questão do idealismo ou giro idealista de Husserl. Este último, o giro idealista, foi analisado por Stein, que argumenta que a fenomenologia não precisaria incorrer em um idealismo, que o idealismo não é produto de uma investigação fenomenológica. Para compreendermos os fenômenos, segundo Husserl, devemos fazer um caminho. Ales Bello (2006, p. 21) explica o caminho, segundo Husserl, assim:

> A palavra grega para designar caminho é *méthodo*. Essa palavra também é formada de duas partes: "odos", que significa estrada e "meta", ou ainda significa por meio de, através. Temos, portanto, necessidade de percorrer um caminho e essa é uma característica da história da filosofia ocidental, que sempre fez esse caminho para se chegar à compreensão do sentido das coisas. Segundo Husserl, o caminho é formado de duas etapas.

Fenomenologia é um caminho que é percorrido (método), para, a partir dos fenômenos ocorridos, chegar à essência das coisas (o sentido das coisas).

Maria de Nazaré, protagonista de sua história, menina que Deus ama desde sempre, e quem se sente amada responde ao amor. Menina que, mais que o voto de castidade, fez voto de virgindade. Prometida em casamento para José, jovem maduro que a amou e dela cuidou, mesmo quando com medo de assumir tão grande mistério, quis deixá-la em segredo. Toda santa, com seu sim ao projeto de Deus nasceu o Salvador, o Verbo se fez carne. Caminhou ao lado de José a infância de Jesus, educando-o na doutrina judaica, ensinando-o a ler as escrituras, ensinando-o na lei Mosaica, na vida em comunidade, nos valores de ser humano. Viveu também o ser viúva e toda a consequência de o ser.

Depois, quando inicia a vida pública de Jesus, continua a caminhar. Nas bodas de Caná: "fazei tudo o que Ele vos dizer" (Jo 2,5). Ainda quando em direção ao calvário, caminhou junto ao Filho e ficou em pé ao pé da cruz. Ainda que tanta crueldade humana leve a vida de seu Filho, vive a alegria da ressurreição e está junto aos apóstolos em oração, quando o Paráclito, o Espírito Santo vem. Foi elevada de corpo e alma para a eternidade. Como discípula de seu Filho, seguiu-o por toda a vida. Toda humana, humilde, guardando tudo em seu coração, é toda de Deus.

Mulher contemporânea, aquela que vem desde muito tempo lutando por igualdades de direito, em diversas situações em contextos culturais e sociais. Mulher, filha, esposa, mãe, avó; em cada uma dessas faces, traz em si a busca da felicidade. Da natureza singular: mulher. Protagonista na vida de ser Igreja, de ser comunidade; espiritualizada e espiritualizante. Mulher contemporânea que, muitas vezes, além da jornada de trabalho em casa – "dona de casa" –, tem a jornada de trabalho fora de casa, provedora de seus filhos, no contexto de muitas famílias. Mulher, que abdica de ter uma família, ter seus próprios filhos biológicos e, assim, escolhendo a vida religiosa. Mulher solteira, que quando se dá conta, abdicou de sua própria vida em função dos seus, fazendo assim a sua vida com dignidade; ao se dar conta disso – muitas na faixa dos 30 aos 40 anos –, percebe que talvez não mais terá a graça de ser mãe biológica; não que esse contexto seja o destino, permanecer solteira e/ou não ser mãe, não está destinada a isso – o destino não existe, pois assim todos estariam destinados ao inferno, e isso não poderia ser mudado; é simplesmente o mistério do existir enquanto ser humano. Tem uma "historinha", destas de que se desconhece o autor, mas que deixam grandes reflexões, diz assim:

> Uma criança está sentada no chão, brincando,
> a mãe sentada em uma cadeira, está bordando.
> A criança olha o bordado por o lado de baixo
> e vê vários nós, fios de diversas cores: branco,

amarelo, vermelho, preto, verde... e, não compreende o que a mãe está fazendo; pergunta para a mãe o que está fazendo? A mãe diz para a criança ir brincar lá fora que quando terminar a chamará para ver o que estava fazendo. Quando termina, a mãe chama a criança e mostra o lindo bordado que fez!

Assim é a vida de cada ser humano, todos passam por alegrias, tristezas, sofrimentos, dores, mas cada um, criado à imagem e semelhança de Deus, tem capacidade de ressignificar tudo em sua vida, dar um sentido maior ao existir, não que vem de si, mas de um ser superior, "ir brincar lá fora", ir viver a vida e, quando voltar ao criador, ver o lindo bordado que Ele fez.

2

A FENOMENOLOGIA EM MARIA DE NAZARÉ

Da teologia tem-se que no princípio, Deus criou todas as coisas, e viu que tudo era bom. Deus criou o homem e a mulher à sua imagem e semelhança (Gn 1, 26), e os colocou no paraíso (Gn 2, 4b-25). Nossos primeiros pais, Adão e Eva, desobedeceram a Deus, tornaram-se conhecedores do bem e do mal, assim como até hoje a humanidade, em vários segmentos de sua vida, acredita não precisar da graça de Deus, afasta-se Dele. Desde então, com o mistério do pecado, o mal, a desobediência, a morte, o sofrimento, a autossuficiência, fazem parte da realidade da natureza humana, por herança antropológica cristã e ontológica. Deus, que ama, de forma misericordiosa e incondicional, o ser humano, não desiste da humanidade; tanto que, antes de expulsar Adão e Eva do paraíso, faz uma promessa:

> Então o Senhor Deus disse à serpente: "Porque fizeste isso, serás maldita entre todos os animais e feras dos campos; andarás sobre o teu ventre e comerás o pó todos os dias de tua vida. Porei ódio entre ti e a *mulher*, entre a tua descendência e a dela. Esta te ferirá a cabeça, e tu lhe ferirás o calcanhar". (Gn 3, 14)

Maria também, na criação, no "princípio" quando Adão e Eva pecaram e com "este momento" acontece o mistério do pecado, ali Maria está presente, pois é ela quem pisará a cabeça do mal; é aquela que dará à luz o Filho de Deus, que vencerá a morte e ganhará a vida eterna para toda a humanidade, bastando o ser humano querer.

Na narrativa Bíblica vê-se que tendo Deus tudo criado e o ser humano pecado, o amor de Deus, que na Trindade transborda e cria o cosmo e nele a humanidade, não abandona sua criação. Quantas e quantas vezes o ser humano Dele se afasta. Por causa do pecado, o ser humano se acha capaz de viver longe de Deus e de Sua misericórdia. Mas Deus amou a humanidade primeiro e quer a salvação de todos. Este é o projeto de Deus: a salvação de toda a humanidade. Para que o Seu Reino seja instaurado, isto é, para que o ser humano viva sem o pedado e feliz, próximo Dele, de seu amor e sua misericórdia. De Deus o ser humano veio e para Deus voltará (Gn 3, 19; Ecl 3,20). Deus, assim, reescrever a história de salvação da humanidade, a economia da salvação. Ele, Deus, por muitas vezes e sempre estará junto à humanidade (Mt 28, 20), mas na história da salvação, quando o ser humano se distancia de Deus, Deus faz com a humanidade vária alianças, até que a humanidade tem em si a definitiva aliança: Jesus Cristo.

Na Economia da Salvação: "Quando veio a plenitude dos tempos, Deus enviou seu Filho, que nasceu de uma mulher e nasceu submetido a uma lei, a fim de remir os que estavam sob a lei, para que recebêssemos a sua adoção" (Gl 4, 4-5). A Mulher das Bodas de Caná: "Mulher, isso compete a nós? Minha hora ainda não chegou" (Jo 2, 1-11), já no início da vida pública de Jesus. A Mulher ao pé da cruz: "Mulher eis aí teu filho" (Jo 19, 26). A Mulher que pisará a cabeça da serpente e "o Filho que nasceu de uma mulher" da carta aos Gálatas, como diz no § 55, do Capítulo VIII da *Lumen Gentiun*, é a mesma:

> Os livros do Antigo Testamento e do Novo Testamento e a tradição veneranda mostram, dum modo que se vai tornando cada vez mais claro, e colocam, por assim dizer, diante dos nossos olhos a função da Mãe do Salvador na economia

> da salvação. [...]. Ela aparece, a esta luz, profeticamente esboçada na promessa da vitória sobre a serpente, feita aos nossos primeiros pais já caídos no pecado (cf. Gn 3,15). Do mesmo modo, ela é a Virgem que há de conceber e dar à luz um Filho, cujo nome será Emanuel (cf. Is 7,14; Mq 5, 2-3; Mt 1, 22-23). Ela sobressai entre os humildes e os pobres do Senhor, que dele esperam confiantemente e vêm a receber a salvação. Enfim, com ela, filha excelsa de Sião, após a longa espera da promessa, atingem os tempos a sua plenitude e inaugura-se nova economia, quando o Filho de Deus assume dela a natureza humana, para, mediante os mistérios da sua carne, libertar o homem do pecado.

Nas duas narrações: "Respondeu-lhe Jesus: 'Mulher, isso compete a nós? Minha hora ainda não chegou" (Jo 2, 4) e "Mulher eis aí teu filho" (Jo 19, 26), Jesus está dando pleno cumprimento ao que Deus diz à serpente (personificação do mal): "Porei ódio entre ti e a mulher, entre a tua descendência e a dela" (Gn 3, 15a). Também no Novo Testamento temos: "Apareceu em seguida um grande sinal no céu: uma Mulher revestida de sol, a lua debaixo dos seus pés e na cabeça uma coroa de doze estrelas" (Ap 12, 1). Aqui no Apocalipse, já prefigurando Maria como Mãe da Igreja. Maria de Nazaré, a Mulher do Gênesis ao Apocalipse.

Maria de Nazaré, a bem-aventurada, a Mulher, que, com a graça divina, abre a nova e definitiva história da salvação, a implantação, em Jesus Cristo, do Reino do Pai, que é puro amor e misericórdia, como relatado no Evangelho de Lucas, capítulo 15, nas três parábolas da misericórdia: a ovelha perdida (Lc 15, 1-7), o dracma perdido (Lc 15, 8-10), o filho pródigo, ou o Pai misericordioso (Lc 15, 11-32). Sobre isso disse Santo Agostinho: "Mais bem-aventurada, pois, foi Maria em receber Cristo pela fé do que em conceber a carne de Cristo. A consanguinidade materna, de nada teria servido a Maria, se Ela não se tivesse sentido mais feliz em acolher Cristo no seu Coração, que no seu seio". É esse amor misericordioso que Maria soube compreender e aceitar, no silencio de seu coração, e ser escolhida como a bem-aventurada; que quer dizer feliz és Maria, por ser a cheia da graça de Deus.

2.1 O MISTÉRIO DA ENCARNAÇÃO

Mistério nada mais é do que algo que é incompreensível à razão humana, enigma que é a descrição de algo obscuro de uma coisa para ser decifrada, como que véus que vão sendo tirados até chegar, aos poucos, ao compreensível.

Maria de Nazaré, pessoa humana, em que Deus se fez carne e habitou na humanidade. Ainda que da estirpe de Adão, necessitada de salvação, ela é "cheia de graça" (Lc 1, 28). Jesus, o Filho de Deus, "verdadeiramente Deus e verdadeiramente homem" (segundo o Dogma Cristológico, na fórmula do Credo niceno-constantinopolitano, ou Símbolo niceno-constantinopolitano, que é uma verdade de fé cristã da Igreja Católica), é carne e sangue de Maria de Nazaré, onde a Santíssima Trindade está, ou seja, não é ela, Maria, que está na Santíssima Trindade, e sim a Trindade está toda plena em Maria. Diz o Catecismo da Igreja Católica § 148: "A Virgem Maria realiza da maneira mais perfeita a obediência da fé. Na fé, Maria acolheu o anúncio e a promessa trazida pelo anjo Gabriel, acreditando que "nada é impossível a Deus" (Lc 1,37), e dando seu assentimento: "Eu sou a serva do Senhor; faça-se em mim segundo a tua palavra" (Lc 1,38). Isabel a saudou: "Bem-aventurada a que acreditou, pois o que lhe foi dito da parte do Senhor será cumprido" (Lc 1,45). É em virtude dessa fé que todas as gerações a proclamarão bem-aventurada. E ainda no § 490 do Catecismo da Igreja Católica, acrescenta:

> Para ser a Mãe do Salvador, Maria "foi enriquecida por Deus com dons dignos para tamanha função". No momento da Anunciação, o anjo Gabriel a saúda como "cheia de graça". Efetivamente, para poder dar o assentimento livre de

sua fé ao anúncio de sua vocação era preciso que ela estivesse totalmente sob a moção da graça de Deus.

A bem-aventurança em Maria de Nazaré é a plenitude de todas as virtudes cristãs.

Só assim o Verbo pode se fazer carne. Maria, o seio virginal da Vida plena, sacrário do Espírito Santo; Deus quis precisar de seu sim. Como Deus respeita as decisões, o livre arbítrio de todo ser humano, quis Ele respeitar a liberdade de Maria de Nazaré. São Luis Maria Grignion de Montfort (Tvd 5, p. 16), no Tratado da Verdadeira Devoção à Santíssima Virgem, diz:

> [...] Maria é o santuário, o repouso da Santíssima Trindade, em que Deus está mais magnífica e divinamente que em qualquer outro lugar do universo, sem excetuar seu trono sobre os querubins e serafins; e criatura alguma, pura que seja, pode aí penetrar sem um grande privilégio.

Santo Afonso Maria de Ligório (1989, p. 235-236), em suas Glorias de Maria, descreve sobre a Imaculada Conceição, que era necessária a preservação de Maria do pecado original:

> Incalculável foi a ruína que o maldito pecado causou a Adão e a todo o gênero humano. Perdendo então miseravelmente a graça de Deus, com ela perdeu também todos os outros bens que no começo o enriqueciam. Sobre si e seus descendentes ao lado da cólera divina. Atraiu uma multidão de males. Dessa comum desventura quis Deus, entretanto, eximir a Virgem bendita. Destinara-a para ser a Mãe do segundo Adão, Jesus Cristo, o qual devia reparar o infortúnio causado pelo primeiro. Ora, vejamos quanto convinha às Três Pessoas preservar Maria da culpa primitiva. E isso por ser ela Filha de Deus Pai, Mãe de Deus Filho e Esposa de Deus Espírito Santo.

Assim como Deus tem um propósito para Maria, quanto ao pecado original, ou ela ser isenta do pecado original (Imaculada Conceição), também Deus tem um propósito quanto à virgindade de Maria.

Afonso Murad (2017, p. 153), quanto à concepção virginal de Maria de Nazaré, diz:

> A concepção virginal quer dizer que a encarnação de Jesus é uma criação de Deus, um presente divino à humanidade. Não desvaloriza as relações sexuais entre casais que se amam e constroem um projeto de vida comum. Mas, isto sim, anuncia a radical novidade do amor de Deus, quando traz seu Filho ao mundo.

Em primeiro lugar, diz Inácio Larranaga (2019, p. 165): "Deus quer com esse fato deixar estabelecido de maneira patente e impactante que o único Pai de Nosso Senhor Jesus Cristo é o próprio Deus. Jesus Cristo não se originou da vontade do sangue, nem do desejo carnal algum, mas da vontade do Pai". Também quebra o processo biológico que vem desde Adão, e até fora deste mundo. Com o Verbo encarnado, Jesus Cristo, tem início a última e definitiva aliança, de Deus para com a humanidade, não a geração pelo sexo, mas a da salvação, pela ressurreição. Larranaga (2019, p. 165) ainda acrescenta:

> A virgindade de Maria é símbolo, figura o modelo da virgindade da Igreja, especialmente da Igreja definitiva e celestial, que não é outra coisa senão a multidão incontável de virgens, em quem o amor chegou à plenitude, o sexo foi transcendido até a total sublimação, e os militantes já não se casarão nem serão dados em casamento. Nova pátria, nova ordem, novo amor. Cristo transformou tudo. E o Transformador tinha que entrar no mundo de uma maneira diferente e virginal. "Eu sou aquele que faz tudo novo", diz o Apocalipse.

Assim como o sol entra pela vidraça e não a quebra, assim é a virgindade de Maria de Nazaré, antes e depois do parto. Por uma mulher, a Mulher do Genesis, onde a dignidade plena de ser mulher se faz, a salvação por Jesus Cristo se faz de forma nova, diferente, real e definitiva.

São Luís Maria Grignion de Montfort diz:

> O Espírito Santo, que era estéril em Deus, isto é, não produzia outra pessoa divina, tornou-se fecundo em Maria. É com ela, nela e dela que Ele produziu sua obra-prima, um Deus feito homem, e que produz todos os dias, até o fim do mundo, os predestinados e os membros do corpo deste Chefe adorável! [...]. (Tvd n.º 20, p. 23)

E diz mais: "Deus juntou todas as águas e denominou-as mar, reuniu todas as graças e chamou-a Maria" (Tvd n.º 23, p. 24), e ainda: "Maria é Rainha do céu e da terra pela graça, como Jesus é o Rei por natureza e conquista" (Tvd 38, p. 32). Maria de Nazaré é a fiel esposa do Espírito Santo e, por assim ser, por meio dela, Ele distribui todas as graças destinadas à salvação dos seres humanos.

Aqui entra na história da salvação uma figura, uma pessoa importante, para a concretização do Projeto de Deus com a humanidade, o Pai adotivo de Jesus: José. O provedor, aquele que salvaguardou Maria e o menino Jesus. Felipe Aquino (2011, p. 59-60), em seu livro, Glorioso São José, explica assim a união virginal de Maria e José: "São Jerônimo, doutor da Igreja, combatendo o herege Helvídio, que negava a virgindade de Maria, disse: 'Dizes que Maria não permaneceu virgem. Pois eu afirmo ainda mais: por Maria foi virgem também São José'". Tanto o evangelista Mateus quanto o evangelista Lucas chamam José de o homem justo. A justiça na Sagrada Escritura é a plenitude de todas as virtudes. Aquino (2011, p. 18) ainda coloca: "Assim como entre todas as mulheres, Deus escolheu Maria para a Mãe do seu Filho Unigênito encarnado, da mesma forma, entre todos os homens escolheu José". Ou seja, assim como Deus escolheu Maria para ser a Mãe de Seu Filho, também escolheu José, o homem justo, o homem cheio de virtudes, para participar de Sua glória, para ser o Pai adotivo de Seu Filho. Aquino (2014, p. 25) diz mais:

> É certo que a dignidade de Mãe de Deus tão alto se eleva que nada pode existir de mais sublime. Mas, pois, que entre a Beatíssima Virgem e José estreitou-se o vínculo conjugal, não há dúvida de que ele se tenha aproximado, mais que qualquer outro, da altíssima dignidade pela a Mãe de Deus se acha infinitamente elevada acima de todas as criaturas.

José, o homem escolhido por Deus, o homem justo que vai ajudar a moldar, na história da salvação, a personalidade do menino Jesus, depois Jesus Cristo.

Maria estava prometida em casamento para José, Maria, a noiva de José; "a noiva tem todos os deveres e direitos da esposa legal; fidelidade, auxílio mútuo, assunção de uma eventual gestação, etc. O noivado hebraico corresponde ao nosso casamento *ratum non consummatun*" (BOFF, 2012, p. 41). *Ratum non consummatum*, esse termo em latim significa ratificado (patentear a verdade de), não consumado. O Evangelho de Mateus (Mt 1, 18-25), ao relatar a missão de José, coloca em foco a "ascendência davídica de Cristo através de José. Este é aqui o protagonista, não Maria como em Lucas" (BOFF, 2012, p. 41). Ou seja, no Evangelho de Mateus, o protagonista que é colocado em evidência é José, o homem justo (Mateus escreve para judeus convertidos aos ensinamentos de Jesus de Nazaré). E, no Evangelho de Lucas, quem é colocada em evidência é Maria de Nazaré (Lucas escreve aos pagãos helênicos, gregos e intelectuais, convertidos aos ensinamentos de Jesus de Nazaré). Antes de aceitar Maria por esposa, antes de levá-la para morar em sua casa, quando soube que Maria estava grávida (concepção pneumática, ou por obra do Espírito Santo), José se achava indigno de tão grande graça, pois ele sabia que Maria havia feito voto de virgindade, sabia que se ela estava grávida algo de extraordinário havia acontecido; e, assim, como receber por esposa a mais virtuosa de todas as criaturas? Quando soube da gravides de Maria, quis fugir, não por duvidar de Maria e sim por compreender que ali havia acontecido um grande mistério. O mistério da encarnação do Verbo; não se achando digno de tão grande mistério, quis fugir. Mas, em sonho, Deus fala com José: "José, filho de Davi, não tenha medo de receber Maria como sua esposa, pois o que nela foi gerado provém do Espírito Santo" (Mt 1, 20b). E quando José acordou, não mais havia medo, mas a firme decisão de acolher Maria e o Filho de Deus.

Maria, assim que recebeu a notícia de que sua prima Isabel, em idade avançada, estava grávida de seis meses, saiu em busca da confirmação do sinal misericordioso de Deus (Lc 1, 39). A distância da cidade de Nazaré em Israel até Jerusalém, ou melhor, até às proximidades de Jerusalém, Vila *Ein Karem* (que significa fonte do vinhedo), é aproximadamente de 104 km; Lucas (1,39) diz que Maria saiu apressada para ir até a casa de Izabel (Elizabeth, em hebraico). O contexto de Israel, em que Maria de Nazaré vivia, era bastante perigoso para uma menina mulher viajar sozinha, a pé ou de burrico, sozinha ela correria riscos, assim, provavelmente ela não foi até a casa de Zacarias e Izabel sozinha. Em várias imagens, vê-se ela chegando à casa de Izabel acompanhada de José. E, ao ir a casa de Izabel, diz Clodovis Boff: "Maria aparece aqui como a 'primeira evangelizadora', que leva, por primeiro, ao mundo a mensagem da Boa-nova: O Messias Salvador chegou!" (BOFF, 2012, p. 55). Ao chegar à casa de Zacarias, Isabel ficou cheia do Espírito Santo, e proclama Maria a Bem-Aventurada: "Bendita és tu entre as mulheres e bendito é o fruto do teu ventre! Donde me vem que a mãe do meu Salvador me visite?" (Lc 1, 42b-43). As duas mulheres, repletas do Espírito Santo, a criança no ventre de Isabel estremece de alegria, e da boca de Maria ressoa um cântico de louvor, um canto de libertação messiânica (Lc 1, 46-55): o *Magnificat*. Nesse canto de libertação de Maria de Nazaré estão todos os seres humanos pobres, oprimidos, excluídos e sobrantes, em que Deus manifesta seu braço forte, sua ação misericordiosa; dispersando os soberbos e poderosos, despede os ricos – os que não sabem partilhar, de mão vazias. E mostra a humildade dos que servem a Deus e ao próximo e, por assim o serem – humildes –, são felizes. Na humanidade a serviço de Deus e ao próximo é que a felicidade é encontrada.

Do Cântico de Louvor de Maria de Nazaré, Martim Lutero (1521) desenvolveu a sua obra *Comentário sobre o Magnificat*, onde descreve toda a sua teologia mariana, tendo como ponto central a graça de Deus atuando no cotidiano de Maria de Nazaré e de seu povo. Nesse sentido, o Espírito Santo coloca na boca de Maria ao anunciar a chegada próxima do Emanuel com o *Magnificat*. Nesse cântico, Maria fala da vida e da interpretação dos pobres e excluídos. Lina Boff (2019, p. 65) escreve: "São realidades desafiadoras porque clamam com voz cada vez mais forte e contundente, as primeiras por justiça e as segundas por vida. A voz das massas pobres e oprimidas e das massas excluídas ou sobrantes encontram eco e significado na fala de Maria [...]"; com o seu *Magnificat*.

> A ação de Maria e a ação do Espírito se misturam para produzirem juntas uma só manifestação histórica. Animada pelo Espírito, Maria proclama a mensagem que recebe de Deus como experiência profunda que ela teve de um Deus santo e misericordioso (cf. Lc 49-50). Maria de Nazaré olha para os humildes porque se sentiu olhada na sua humilhação e olha para os famintos porque sentiu fome do pão de cada dia e do pão que sacia para sempre. Pela mediação dos pobres, os humildes e os famintos, Maria retorna ao momento de seu encontro originário com Deus santo, momento em que se sentiu chamada a realizar obras e gestos que tornassem visível o Reino de Deus. (BOFF, 2019, p. 70)

Por ser mulher, mãe, inspiradora, que em si, em sua fenomenologia humana, contém a singularidade do ser masculino e feminino; por meio dela, tudo se concretiza, em Jesus, seu

Filho e Filho de Deus, o amor mais sublime, o amor de Deus chega para toda a humanidade.

O canto de Maria, ou o Magnificat, como o Santo Papa João Paulo II diz em sua catequese número 54 do dia 9 de novembro de 1996, é: "Inspirado no Antigo Testamento e na espiritualidade da filha de Sião, o Magnificat supera os textos proféticos que estão na sua origem, revelando na 'cheia de graça' o início de uma intervenção divina [...]" (JOÃO PAULO II, 214, p. 115). O Magnificat é estruturado em três partes, como diz Leonardo Boff, em sua Introdução à Mariologia: "1) ação divina em Maria: mensagem pessoal; 2) ação divina na humanidade: mensagem social; 3) e ação divina no Povo de Israel: mensagem étnica" (BOFF, 1997, p. 58). No *Magnificat* encontra-se a alegria, de ser humano – húmus –, e de saber que o ser humano não é só, ele tem por ele um ser superior.

E como se não bastasse, ela se inculturiza nas necessidades de seus filhos e filhas, assim sendo: Maria de Nazaré, Maria de vários títulos (de várias devoções), e em cada título uma missão. Maria de Nazaré, de Fátima, de Lourdes, de Guadalupe, dos Trinta e Três, Aparecida, Nossa Senhora das Graças; são alguns títulos ligados à sua vocação, à sua missão. Dessa forma, trazendo esse transfundo marial, segundo as meditações do Documento de Aparecida (2015, p. 269), Maria de Nazaré é a grande missionária, continuadora da missão de seu Filho e formadora de missionários. Ela tem feito parte do caminhar de nossos povos, entrando no tecido de sua história e acolhendo as ações mais significativas de sua gente.

2.2 MARIA E O MENINO JESUS

Maria de Nazaré, Mãe do Filho de Deus, o Senhor do universo, Senhor de tudo o que criou, nasceu na simplicidade; poderia ter nascido em um palácio que é onde moram os reis; mas não, nasceu em uma humilde manjedoura. A *Lumen Gentium*, no parágrafo 57, diz sobre a união, Mãe e Filho: "Esta união da Mãe com o Filho, na obra da redenção, manifesta-se desde o momento em que Jesus Cristo é concebido virginalmente, até a sua morte". Sim, ela O acompanha, ela, a partir de seu sim aos mistérios de Deus, à vontade de Deus, é parte preponderante na salvação de toda a humanidade.

Ao cumprir a lei mosaica, José e Maria levaram o Menino Jesus ao Templo para apresentá-Lo ao Senhor, para a purificação da Mãe – não que seria necessária a purificação de Maria, mas como verdadeiros judeus, vivendo sob a lei de Moisés, cumpriram o que a lei ordenava, e "para oferecerem em sacrifício um par de rolas ou dois pombinhos" (Lc 2, 24). José e Maria eram pobres, ofereceram dois pombinhos, pois não tinham posses para oferecerem um cordeiro em sacrifício. Tinham, sim, consigo o Cordeiro divino de apenas 40 dias. Simeão, que vivia em Jerusalém, impelido pelo Espírito Santo, foi ao Templo e ali encontra José, Maria e o Menino Jesus. Ao vê-los, toma o Menino em seus braços, uma grande alegria encheu seu coração, havia se cumprindo o que o Senhor lhe havia revelado: "que veria com os próprios olhos a salvação, preparada diante de todos os povos, como luz para iluminar as nações, e para a glória de vosso povo de Israel" (Lc 2, 26). E profetiza: "Eis que este menino está destinado a ser uma causa de queda e de soerguimento para muitos homens em Israel, e a ser um sinal que provocará contradições, a fim de serem revelados os pensamentos de muitos corações. E uma espada transpassará a tua alma" (Lc 2, 34b-36). Isso tudo Maria de Nazaré guardava em seu coração, e a acompanhou sempre, ao olhar Jesus que crescia, com ternura e apreensão. Também Ana, a profetisa, mulher que estivera casada por sete anos e ficara viúva, estava com 80 anos, vivia em jejum e orações no Templo, ali chegara enquanto a família de Nazaré ali estava, louvava, agradecia a Deus e contava a todos que a libertação de Jerusalém havia chegado.

O Evangelista Mateus narra a visita dos magos que vieram do oriente – representando todas as nações – ao recém-nascido. Na busca para encontrar o Menino Jesus, o Messias, o Salvador, para adorá-lo, os magos – que eram astrólogos e haviam visto no céu um grande sinal, uma estrela – buscam o futuro rei, o Messias, no castelo de Herodes, sim, pois também para os magos o lugar de um rei é em um castelo! Herodes, o Grande, ficou mais inseguro ainda, perguntou aos sumos sacerdotes onde nasceria o Messias, disseram que as profecias revelavam que nasceria em Belém. Herodes envia os magos para lá dizendo que se encontrasse o Messias era para eles retornarem a Jerusalém e avisá-lo que também ele, Herodes, queria ir adorar o Salvador. Avisados em sonho, os magos não voltaram para o castelo de Herodes. Quando viu que havia sido enganado e por não conseguir encontrar seu suposto "concorrente", manda matar todas as crianças com menos de 2 anos de idade da cidade de Belém; assim se cumpriria mais uma profecia em relação ao Salvador da humanidade: "Em Ramá se ouviu uma voz, choro e grandes lamentos: é Raquel a chorar seus filhos; não quer consolação, porque já não existem!" (Jer 31, 15). José, pai adotivo de Jesus, avisado em sonho, por Deus, foge para o Egito, com Maria e o menino Jesus. A fuga para o Egito é uma das sete dores de Maria. Depois, quando souberam da morte de Herodes, o Grande, voltam para a cidade de Nazaré na Galileia.

A fuga para o Egito, narrada no Evangelho de Mateus, relata a crueldade, a sede de poder, a insegurança de Herodes, o Grande; filho de Antíprato de descendência hebreia – que havia conseguido a cidadania romana, e passou a cidadania para o filho, Herodes. Herodes foi proclamado rei no ano 40 a.C., mas lutou por três anos contra Antígono, último herdeiro dos asmoneu, para aí sim poder reinar.

> Herodes reinou como déspota, arrogando-se o direito de nomear a seu bel prazer os sumos sacerdotes, sem considerar a tradição centenária que queria aquela função nas mãos dos descendentes de Sadoc como cargo hereditário

> [...]. Durante seu governo, o senado (gerousia), chamado sinédrio ou conselho, presidido pelo sacerdote e composto por representantes da aristocracia sacerdotal, laica e "escribal", foi humilhado, como mostra uma significativa intervenção: no início de seu reinado "matou Hircano e todos os outros membros do sinédrio [...]". (BARBAGLIO, 2015, p. 146)

Com sua família não agiu diferente, mandou matar sua segunda esposa Mariamne – por quem estava apaixonadíssimo –, o irmão dela e dois filhos que teve com Mariamne. E, cinco dias antes de morrer, mandou matar Antípatro, filho de sua primeira esposa, Dóris. Mais amigo dos gregos do que aos judeus, para mostrar que permanecia judeu, praticava as Leis Mosaicas, e reconstrói o Templo em Jerusalém. Os sucessores de Herodes, o Grande, foram seus filhos: Arquelau (etnarca da metade do território governado por Herodes – governou a Iduméia, a Judeia e o distrito dos samaritanos), Antipas (governou a Galileia e a Pereia) e Felipe (governou as regiões do norte), e também seu neto Agripa (filho de Aristóbulo, que havia sido assassinado por Herodes, o Grande – seu pai). Herodes Agripa é quem era o rei quando da paixão e morte de Jesus Cristo.

Ao relatar o menino Jesus aos 12 anos (Lc 2, 41-52), o Evangelista descreve a família de Nazaré, mais uma vez, cumprindo a Lei de Moisés. Dessa vez, indo participar da festa da Páscoa em Jerusalém. A Páscoa celebrada pelo Povo Judeu não é a Páscoa que os cristãos celebram. A Páscoa judaica é celebrada relembrando a libertação do Povo Hebreu da casa de escravidão no Egito, onde um cordeiro em cada casa foi imolado, o sangue colocado em uma bacia, e com o hissopo as casas marcadas, no batente das portas, com o sangue desse cordeiro (Ex 12, 1- 14). A Páscoa celebrada pelos cristãos é a alegria da ressurreição de Jesus Cristo, o Cordeiro imolado, que venceu a morte, o primogênito que vence a morte, com o Seu Sangue, o único que poderia resgatar toda a humanidade, é o próprio Deus que se fez Carne, pois nenhum ser humano, por si só, poderia. No pleno cumprimento das profecias: "Foi maltratado e resignou-se; não abriu a boca, como um cordeiro que se conduz ao matadouro, e uma ovelha muda nas mãos do tosquiador. (Ele não abriu a boca)" (Is 53, 7), e nenhum osso lhe será quebrado (Sl 21, 18), como também o Senhor Deus ordenou a Moisés que nenhum osso do cordeiro fosse quebrado (Ex 12, 46) para o significado da Páscoa. Páscoa, memorial da libertação, para a terra prometida; assim como Jesus Cristo, por seus méritos, ganhou a "terra celeste" para toda a humanidade, para todos os seres humanos resgatados no sangue do Cordeiro.

Ao retornarem para Nazaré, Lucas relata a perda de Jesus e o seu reencontro, no Templo, sentado em meio aos doutores.

> A mãe pergunta a Jesus: "Filho porque nos fizeste isto? Olha que teu pai e eu andávamos aflitos à tua procura" (Lc 2,48). Poder-se-ia ver nesse contexto os "para quê" de tantas mães diante dos sofrimentos que lhes foram causados pelos filhos. Jesus vivendo sua humanidade, não se fasta do ser divino; responde à mãe: "Não sabeis que devo fazer as coisas de meu Pai?". (Lc 2, 49b)

Maria e José nada compreenderam, mas, logo em seguida, Jesus volta com os pais para Nazaré. A partir de agora, até os 30 anos, inicia a vida "oculta" da família de Nazaré.

Maria, a educadora do Filho de Deus, ela é Mãe não só porque o gerou fisicamente, mas o acompanhou durante toda a sua vida, e Jesus, assim como acontece com todo ser humano, precisou da ação educativa dos pais.

2.3 MARIA NA VIDA PÚBLICA DE JESUS

Destacadamente, dois fatos importantes acentuam Maria na vida pública de seu Filho. O primeiro é quando Maria, Jesus e os discípulos de Jesus, nas Boda de Caná, na Galileia, ali é manifestada a glória de Deus; Jesus disse para sua Mãe: "Mulher que temos que com isso? Minha hora ainda não chegou" (Jo 2, 4). O segundo fato importante também está no Evangelho de São João, em que ele assim descreve: "Antes da festa da Páscoa, Jesus sabia que tinha chegado a sua hora, a hora de passar deste mundo para o Pai. Ele, que tinha amado os seus que estavam no mundo, amou-os até o fim" (Jo 13, 1). Assim, Maria permanece de pé ao pé da cruz, na crucificação de Jesus Cristo, na entrega Dele por amor, por todo ser humano, Ele – Jesus –, entrega ao discípulo amado sua Mãe: "Mulher, eis aí o seu filho" (Jo 19, 26b). Entende-se aqui, no caso do "discípulo amado", a entrega de Maria, por Jesus, para cada ser humano, pois quando na Palavra de Deus o homem e/ou a mulher, no contexto não é nominado, isso significa que é, e se pode substituir o nome do ser humano por o seu nome próprio.

Logo após Jesus ser batizado por João Batista, em que Jesus, sem pecado, não teria a necessidade de ter o batismo de conversão, mas como Ele mesmo diz no Evangelho de Mateus: "Deixa estar por enquanto, pois assim nos convém cumprir toda a justiça" (Mt 3, 15b); Jesus inicia sua vida pública, chamando os primeiros discípulos: André e seu irmão Simão Pedro, Felipe e Natanael. Jesus seguia, acompanhava João Batista, seu primo, mas Jesus começa a perceber que sua missão era diferente à de João Batista, começa a perceber sua verdadeira missão.

Jesus e seus discípulos participavam das núpcias em Caná, na Galileia, sua Mãe já estava lá, e ela percebeu que faltava vinho; o vinho da festa do casamento havia acabado. Maria vai até o Filho e diz para Ele que eles não mais têm vinho: "Responde-lhe Jesus: 'Que queres de mim mulher? Minha hora ainda não chegou'. Sua mãe disse aos serventes: 'Fazei tudo o que ele vos disser'" (Jo 4-5). Assim, o milagre aconteceu, ao Maria dizer "fazei tudo o que Ele vos disser", os serventes pegaram seis talhas com água e Jesus transformou a água em vinho, e no melhor vinho. Nessa mensagem do Evangelho de João 2, 1-12, existem muitos fatos teológicos, que não serão colocados aqui. Sim, a "hora" de Jesus ainda não havia chegado. Também ao chamá-la de "mulher" não foi com falta de respeito, e sim elevá-la à "Mulher" que pisa a cabeça da serpente. Maria, já no início da vida pública de Jesus Cristo, está presente, ou seja, está presente quando a glória de Deus em Jesus se manifesta.

Um dos momentos mais difíceis para Maria foi a condenação, a flagelação e a morte na cruz; a Paixão de Jesus Cristo. João Evangelista descreve assim o momento que antecede a morte de Jesus:

> Perto da cruz de Jesus, permaneciam de pé sua mãe, a irmã de sua mãe, Maria, mulher de Clopas, e Maria Madalena. Jesus, então, vendo sua mãe e, perto dela, o discípulo a quem ama, disse à sua mãe: "Mulher, eis teu filho!" Depois disse ao discípulo: "Eis tua mãe!" E a partir dessa hora, o discípulo a recebeu em sua casa. (Jo 19, 23-27)

Assim, Jesus entrega sua Mãe, para cada ser humano levá-la para a casa do coração de todos que a aceitarem como Mãe; elegendo também cada ser humano como seu discípulo amado. Ela é Mãe de Deus (*Theotókos*) e Mãe nossa. *Theotókos* quer dizer Mãe do Filho Deus. Clodovis Boff descreve sobre a *Theotókos*: "O Concílio de Éfeso (431) declarou que Maria é 'Mãe de Deus' (*Theotókos, Dei Genitrix, Deipara*); porém 'segundo a carne' assumida pelo Verbo" (BOFF, 2010, p. 13). Ou seja, ao assumir a natureza humana, Jesus recebe de Maria, e só dela, sua carne, seu sangue. Após a entrega de Maria ao discípulo amado, Jesus tem sede, oferecem-lhe vinagre. "Quando Jesus tomou o vinagre, disse 'Está consumado!' E, inclinando a cabeça, entregou o espírito" (Jo 19, 30). Nesse momento, chegou a "hora" de Jesus, nesse momento Jesus morre, vence a morte, nesse momento, Deus é glorificado em plenitude em seu Filho Jesus Cristo; pois, vencendo a morte, Jesus Cristo vence o pecado original e, com sua ressurreição, Adão, o velho homem, é vencido e morre, nascendo assim a nova humanidade, redimida do pecado original, mas não isenta de sua parte na salvação.

O Messias, o Salvador morrer por toda a humanidade, mas a humanidade precisa renascer com Ele, seguir seu exemplo, e como Maria de Nazaré, fazer a vontade de Deus, amando-O e amando o próximo. Bem-aventurado o ser humano que souber fazer a vontade de Deus em sua vida.

Maria permanece em Jerusalém; com esperança. E, pela vontade do Pai que se completa com a Ressurreição de seu Filho, o novo Adão. Jesus Cristo, o que resgata toda a humanidade decaída. Maria permanece em Jerusalém, em oração com algumas mulheres e os discípulos no cenáculo onde aconteceu a última ceia. Ali, como Lucas relata em Atos dos Apóstolos após a ascensão do Senhor, Deus envia o Paráclito, o Espírito de Jesus. "Apareceram-lhes, então, línguas como de fogo, que se repartiam e que pousaram sobre cada um deles. E todos ficaram repletos do Espírito Santo e começaram a falar em outras línguas, conforme o Espírito lhes concedia se exprimirem" (At 2, 3-4). A vinda do Espírito Santo é o cumprimento da promessa do "Deus conosco"; o Espírito Santo que renova todas as coisas, terceira Pessoa da Trindade, o Dínamo, o Defensor.

A essência de Maria está em fazer a vontade do Pai. Mas o que é fazer a vontade do Pai? Fazer a vontade de Deus é amar! Como ensina Jesus, são dois os mandamentos: "É amar a Deus sobre todas as coisas e ao próximo como a si mesmo" (Mt 22, 37-39), disse Jesus: "Toda a Lei e os Profetas dependem desses dois mandamentos" (Mt 22, 40). Deus é amor (1 Jo 4, 8). Se Deus é amor, Nele mal algum "pode" existir, como também nada de mal "pode" Dele vir, caso contrário, deixaria de ser Deus, Deus é o puro amor: "Ele estava na forma de Deus, mas renunciou ao direito de ser tratado como Deus. Pelo contrário, esvaziou-se a si mesmo e tomou de homem, rebaixou-se a si mesmo, fazendo-se obediente até à morte, e morte de cruz" (Fl 2, 6-8). Fazer a vontade do Pai é abandonar-se Nele, confiar em seu amor, muitas vezes sem mesmo entender para quê.

Muitas vezes, não entendemos o que nos acontece, e para quê? E a pergunta deve ser sempre esta: para quê? Não por quê. O "para quê" traz esperança, o "por quê", ao contrário, traz desesperança. Muitas vezes, o ser humano não tem resposta imediata, lá na frente é que entende o "para quê". Fazer a vontade do Pai é caminhar para a santidade, que, a exemplo de Maria, está ao alcance de todo ser humano. Deus disse: "Sede santos, pois Eu sou Santo!" (1 Pd 1, 16b). E o que é ser santo? Ser santo é viver a vida, amando a Deus sobre todas as coisas, respeitando a si próprio e ao próximo. Quando os filhos cristãos se veem órfãos, acreditam que seus pais falecidos estão na presença de Deus. Se seus pais estão na presença de Deus, então, são santos. A santidade é caminhar na presença de Deus, vivendo a vida prática, a vida do dia a dia, fazendo o bem, tendo reta intenção, pedindo forças a Deus para praticar o bem, os ensinamentos de Jesus e a graça de ter a vida eterna também, na presença de Deus. Essa vida eterna já foi ganha para todo ser humano, no *Kenosis* – que quer dizer esvaziar-se – do Deus puro amor; basta ao ser humano querer e buscar essa vida eterna.

> Sempre em caminho para Jerusalém, Jesus passava pelos confins da Samaria e da Galileia. Ao entrar numa aldeia, vieram-lhe ao encontro dez leprosos, que pararam ao longe e elevaram a voz, clamando: "Jesus, Mestre, tem compaixão de nós!" Jesus viu-os e disse-lhes: "Ide, mostrai-vos ao sacerdote". E enquanto eles iam andando, ficaram curados. (Lc 17, 11-14)

A lepra, a hanseníase, como a conhecemos hoje, no tempo de Jesus não tinha cura; os leprosos eram excluídos da sociedade – até por sanidade pública, mas colocados à margem, marginalizados pela sociedade, como os dependentes químicos, alcoólatras, os que vivem em situação de rua, que perderam o sentido de existir. Para os judeus, a doença era um castigo de Deus, por isso, também eram excluídos da sociedade os leprosos, mesmo fora da sociedade eram obrigados a usarem um sino para avisar que eram leprosos, não podiam aproximar-se dos demais, por isso, ao verem Jesus, de longe clamavam para ser curados. Jesus mandou que eles fossem apresentar-se aos sacerdotes – que era quem tinha a autoridade de os reintegrarem à sociedade – e, na medida em que iam caminhando, ficaram curados. A cura, o ressignificar das dores e sofrimentos, dá-se no caminhar, no cotidiano, nas lutas do dia a dia, no caminho para a santidade. Então, a pergunta é: para quê?

2.4 A DISCÍPULA DE SEU FILHO

"Respondeu ele: '*Amarás o Senhor teu Deus de todo o teu coração, de toda a tua alma, de todas as tuas forças e de todo o teu pensamento* (Deut 6, 5); *e a teu próximo como a ti mesmo*' (Lev 19,18)" (Lc 10, 27). E assim Maria de Nazaré fez, repleta do Espírito Santo, sob a Sombra da proteção de Altíssimo, teve fé e forças para caminhar em um tão grande Mistério.

A Sagrada Escritura, a Bíblia, já no início, quando narra o mistério do pecado, traz a figura do ser humano decaído; em consequência, há o conhecimento da dor, do sofrimento, da morte, do mal. Adão e Eva representam e antecedem a toda a humanidade esse mistério, o "mistério do pecado". Deus, então, disse para a serpente, que na narrativa representa todo o mal: "Porque fizeste isso és maldita entre todos os animais domésticos e toda as feras selvagens. [...]. Porei hostilidade entre ti e a mulher, entre tua linhagem e a linhagem dela. Ela te esmagará a cabeça e tu lhe ferirás o calcanhar" (Gn 3, 14b-15); e diz para Eva: "Multiplicarei as dores de tuas gravidezes, na dor darás à luz filhos. Teu desejo te impelirá ao teu marido e ele te dominará" (Gn 3, 16). O Catecismo da Igreja Católica, em seu § 411, diz que: "[...]. De resto, numerosos Padre e Doutores da Igreja veem na mulher anunciado no 'proto-evangelho' a mãe de Cristo, Maria, como 'nova Eva'. Foi ela que, primeiro e de uma forma única, se beneficiou da vitória sobre o pecado [...]". Maria de Nazaré é a sempre Bem-aventurada Virgem Maria. Nela, o pecado não habitou, foi preservada de todo mal, pois, para ser a Mãe do Filho de Deus, nela não poderia haver a mancha do pecado original, e Deus a preservou.

Também no Antigo Testamento tem-se a prefiguração de Maria de Nazaré; ela é a filha de Sião. O Monte Sião está situado em Jerusalém; é uma parte de Jerusalém, onde moravam os pobres. Sião é também usado para designar como a cidade de Jerusalém (2 Rs 19,21) ou a terra de Israel (Is 34,8). O monte Sião, onde, conforme narrado em 2 Samuel 5, 6-12, foi construída uma fortaleza, pelo povo jebuseus. Fortaleza esta conquistada, posteriormente, pelo rei Davi, assim tornando-se sua cidade, a cidade de Davi. Posteriormente ainda, Salomão aí construiu o Templo, conforme 2 Crônicas 3, 1ss. Já no Novo Testamento em Hebreus 12,22, Sião é designado como o paraíso, o céu. O Concílio Vaticano II, no documento *Lumen Gentium*, § 55, diz assim:

> [...]. Enfim, com ela, filha excelsa de Sião, após a longa espera da promessa, atingem os tempos a sua plenitude e inaugura-se nova economia da salvação, quando o Filho de Deus assume dela a natureza humana, para mediante os mistérios da sua carne, libertar o homem do pecado.

Tem-se assim, também pelo Concílio Vaticano II, Maria de Nazaré é a "nova Eva"; aquela que pisa a cabeça da serpente. A representação abstrata de Sião em Maria de Nazaré se personifica. Significativo também é que, no monte Sião, foi construída a fortaleza e em Maria de Nazaré foi construída a fortaleza de Deus.

Maria de Nazaré, menina que Deus escolheu para ser a Mãe de seu Filho. Para tanto, "separou-a", ou seja, de certa forma a preparou, desde antes de ser gerada. O que não é um privilégio só de Maria de Nazaré, pois Deus ama a todos os seus filhos, e também de certo modo os "separa" e os prepara para a santidade. Maria de Nazaré, mulher, humana, inserida em seu contexto, que devia ter sonhos, expectativas; prometida em casamento para com o jovem José, provavelmente esperava construir sua família, e isso aconteceu, mas de forma inesperada. Quis Deus precisar do "sim" de Maria. Quando da anunciação, Maria, mesmo não tendo plena compreensão de tão grande mistério, teve fé, com confiança, aderiu de todo o seu coração ao projeto do Pai.

O discipulado de Maria tem início na concepção de seu Filho, com o seu sim, ao projeto de Deus. Continua no nascimento, no Verbo se fazer carne; na educação de Jesus, Maria e José o educam na Lei de Moisés. Como bons judeus, já enquanto Jesus bebê, cumpridos os dias do nascimento para a purificação, conforme a Lei Mosaica, levam-no ao Templo e para a purificação da mãe (não que houvesse necessidade de a mãe ser purificada, mas para se cumprir a Lei) e na vida para que a Sua outra natureza, não a divina, mas a humana, se tornasse humana, ou seja, orientá-lo como ser humano. Continua ainda o seu discipulado, na vida pública de Jesus e depois de pé ao pé da cruz. Depois, também, após a ressurreição de Jesus Cristo, permanece em Jerusalém. E ainda estava junto aos discípulos em oração, quando, no dia de Pentecostes, Jesus envia o seu Espírito para toda a humanidade. Maria de Nazaré, a mulher de seu tempo que soube aceitar a graça de Deus em sua vida, principalmente no discipulado.

Como discípula de seu Filho, ela o acompanhava, ela era e é sua seguidora, sua serva, a mais humilde das criaturas, a plena de graça. Jesus estava falando às multidões, Maria e seus parentes estavam procurando falar com Ele, alguém O avisou:

> Jesus respondeu àquele que o avisou: "Quem é minha mãe e quem são meus irmãos?" E apontando para os discípulos com a mão, disse: "Aqui estão minha mãe e meus irmãos, porque aquele que faz a vontade de meu Pai que está nos Céus, esse é meu irmão, irmã e mãe". (Mt 12, 48-50)

Aqui não quer dizer que Maria de Nazaré teve outros filhos, quando se refere aos irmãos de Jesus, mas na língua hebraica não se tinha tradução para parentes e o Evangelho diz: "Sua Mãe", ou seja, aquela que faz a vontade do Pai, e "seus irmãos", seus parentes. Assim, Jesus mais uma vez exalta "sua mãe" como aquela que soube fazer a vontade de Deus. No Evangelho de Lucas 11, 27-28, certa mulher falou em alta voz: "Felizes as entranhas que te trouxeram e os seios que te amamentaram!". Jesus, responde: "Felizes, antes, os que ouvem a palavra de Deus e a observam". Mais uma vez, Jesus a eleva como a Bem-Aventurada, aquela que, na obediência e fé, faz a vontade do Pai.

Ela é a portadora das promessas de Deus, aquela que na plenitude dos tempos foi eleita a herdeira, a representante do povo eleito e, mais do que isso, a representante de toda a humanidade. Na carta aos Gálatas 4, 4-5, Paulo escreve: "Quando chegou a plenitude dos tempos, enviou Deus o seu Filho, nascido de mulher [...] para que recebêssemos a adoção de filhos". Na plenitude dos tempos, Maria de Nazaré inaugura outra fase na história da salvação de toda a humanidade. Agora a última e definitiva aliança, que se dá na Pessoa de Jesus Cristo. "Maria vai a um nascimento e a um enterro"; esse é o título do capítulo 4 do livro de Clodovis Boff: *O cotidiano de Maria de Nazaré*. Ou seja, Maria trouxe para a humanidade o Filho de Deus, e permanece de pé ao pé da cruz, quando do suplício supremo de seu amado Filho, e ainda após a ressurreição e ascensão do Senhor, está junto aos discípulos em oração no senáculo, quando o Espírito Santo, o Paráclito vem.

Afonso Murad, em seu livro *Maria toda de Deus e tão humana*, vai dizer: "Normalmente, os católicos dizem que Maria é importante porque foi a Mãe de Jesus. Lucas, no entanto, mostra que não está aí a sua principal qualidade" (MURAD, 2017, p. 53). A principal qualidade de Maria de Nazaré, para o Evangelista Lucas, está sim no discipulado ao seu Filho.

Maria de Nazaré é a mais perfeita discípula, e exemplo de discipulado, para todo ser humano. Ela teve o encontro com a Pessoa de Jesus Cristo, ela experimentou a alegria de viver e conviver com Ele. Ela o seguiu no "anonimato", como muitos cristãos, mas foi protagonista de sua história. Ela esteve em comunidade mesmo quando depois da ascensão do Senhor. Ela teve a santidade de vida, um dos pilares do discipulado, junto à comunidade eclesial, conforme do Documento de Aparecida § 359 "[...]: a vida só se desenvolve plenamente na comunhão fraterna e justa. [...]". Ou seja, a vida no discipulado à Pessoa de Jesus Cristo se faz na dignidade plena do ser humano.

No § 113, do documento n.º 105 da CNBB, falando sobre a grandiosidade do discipulado de Maria, temos: "[...] Por sua fé e obediência à vontade de Deus e por sua constante meditação e prática da Palavra, ela é a discípula mais perfeita do Senhor. Mulher livre, forte e discípula de Jesus. [...]". Nessa grandeza de Maria, bem como a perfeita união de Maria a Jesus Cristo, encontramos toda a essência, justiça e direito de todo o cristão e cristã leigo(a), o caminho certo para as virtudes teologais, que leva sempre para Deus e para a irmandade fraterna.

2.5 A ASSUNÇÃO, A MEDIANEIRA

A Sagrada Escritura se cala quanto à assunção e à mediação de Maria. Mas a Sagrada Tradição a traz no coração do Povo de Deus. No § 59 da *Lumen Gentium*, em seu capítulo VIII, expressa assim sobre a assunção da Virgem Maria: "Finalmente, a Virgem Imaculada, que fora preservada de toda mancha da culpa original, terminando o curso de sua vida terrena, foi elevada à glória celeste em corpo e alma, e exaltada pelo Senhor como Rainha do universo, [...]". A Rainha que desde o início Deus contou com a sua participação na implantação do Reino, no serviço e no amor a Deus e ao próximo.

O coração do Povo de Deus, o senso dos fiéis ou *sensus fidelium*, conclama como dogma a Assunção da Virgem Maria. Ou seja, *sensus fidelium* não cria dogma algum, mas ele confirma e testemunha a verdade de um dogma. Para tanto, não é um ato imposto pela Igreja, mas, antes de promulgar um dogma, o Papa faz uma pesquisa dentre os leigos nas paróquias, dentre o clero, dentre a Igreja de Deus. O dogma não sai só do coração do Papa, antes sai do coração do Povo de Deus, e já o havia proclamado. O Papa, em comunhão com toda a Igreja, conclama o dogma. O Dogma da Assunção de Maria ao céu – de corpo e alma –, ou ainda a Assunção corporal, é mais uma vitória do *sensos fidelium*. Existem duas teses no que diz respeito a antes de Maria ser elevada ao céu: uma de que ela dormiu e foi elevada ao céu, e a outra traz que Maria de Nazaré morreu – como seu Filho. Maria de Nazaré morreu – ela estava em Jerusalém, e mais uma vez Tomé não estava presente, quando regressou, abriram o local onde haviam colocado o corpo de Maria, o corpo não mais lá estava, no local exalava suave perfume.

A explicação teológica do Dogma da Assunção, conforme Clodovis Boff, são pelo menos cinco: 1) Caráter teocêntrico com finalidade soteriológico-pastoral; 2) Em conexão aos outros três dogmas – Maternidade (como a união de Maria e Jesus é indissolúvel, não poderia ficar longe Dele por causa da morte corporal), Virgindade (o corpo de Maria, repleto do Espírito Santo, não poderia ser corrompido) e Imaculada Conceição (Maria nada teve de pecado – Rm 6,23, "o salário do pecado é a morte"); 3) Ela foi assunta ao céu, "Deus que elevou Maria à Glória do Reino"; 4) "Sobre a morte ou não de Maria", e 5) Um entendimento errôneo de alguns teólogos em que enfatizam o "privilégio" de Maria (BOFF, 2014, p. 49-50). Maria é a "imagem e o começo da Igreja consumada" (*Lumen Gentium* § 68). A Igreja consumada diz respeito ao Corpo Místico de Cristo: "[...]. O Espírito Santo formou Jesus Cristo por meio dela (Maria de Nazaré), e por meio dela forma os membros de seu corpo místico e só por ela nos dispensa seus dons e favores. [...]" (Tvd n.º 140, p. 93). Aqui neste mundo, neste estado de vida, a Igreja é o Corpo Místico de Cristo, somos a Igreja Peregrina ou Igreja Militante; em comunhão com a Igreja Padecente ou Expectante, e com a Igreja Triunfante ou Igreja Consumada.

Ainda sobre a Assunção de Maria de Nazaré aos céus de corpo e alma, Paulo em sua primeira Carta aos Coríntios diz:

> Cristo ressuscitou dos mortos como primícias dos que morreram. Com efeito por um homem veio a morte e é também por um homem que vem a ressurreição dos mortos. Como em Adão todos morreram, assim também em Cristo todos reviverão. Porém cada qual segundo uma ordem determinada: em primeiro lugar, Cristo, como primícias; depois, os que pertencem a Cristo, por ocasião da sua vida (1Cor 15, 20-23).

Maria de Nazaré, Mãe de Jesus Cristo, pertence a Cristo, unida a Ele – carne de sua carne, sangue de seu sangue, pela fecundação pneumática, preservada do pecado original –, ainda que concebida da união carnal de seus pais, é preservada do pecado original e é também preservada da corrupção da carne, assim, elevada pela graça de Deus para junto daquele que a criou, em corpo e alma.

Quanto à mediação de Maria, o Concílio Vaticano II, na LG, Capítulo VIII, § 60 escreve: "É um só o nosso Mediador, segundo as palavras do Apóstolo Paulo, em sua carta 1 Tm 2, 2-6. A função maternal de Maria para com os homens, de nenhum modo obscurece ou diminui esta mediação única de Cristo, antes mostra qual é sua eficácia". Ou seja, fortalece e torna verdadeira a intercessão por toda a humanidade junto ao seu Filho.

> Tudo isso é tirado de São Bernardo e de São Boaventura. De acordo com suas palavras, temos três degraus a subir para chegar a Deus: o primeiro, mais próximo de nós e mais conforme à nossa capacidade, é Maria; o segundo é Jesus Cristo; e o terceiro é Deus Pai. Para ir a Jesus é preciso ir a Maria, pois ela é a medianeira de intercessão. Para chegar ao Pai eterno é preciso ir a Jesus, que é nosso medianeiro de redenção [...]. (Tvd nº 86, p. 63)

Por nossa alma corrompida, temos que ter dois mediadores para chegar até Deus: primeiro, a Mediadora intercessora

– Maria –, e segundo o Mediador redentor – Jesus Cristo. Muitas vezes, queremos pedir algo ao pai, mas pedimos a ajuda da mãe, para que ela interceda junto ao pai. A intercessão de Maria não passa por cima do intercessor maior, que é Jesus Cristo.

O livro de Ester narra o reinado de Assuero, a desgraça da rainha Vasti, a escolha de Ester como rainha e a intervenção de Ester por seu povo. Assuero, em seu contexto, pediu aos eunucos que o serviam que trouxessem à sua presença a rainha Vasti, com diadema real para mostrar ao povo e aos grandes toda a sua beleza; mas a rainha Vasti desobedeceu ao pedido do rei (Est 1, 10-12). A desobediência aqui pode trazer a desobediência de Eva, o mistério do pecado. A desobediência da rainha Vasti causou consequências para o reino de Assuero – a desobediência aos maridos –; assim, a rainha Vasti caiu em desgraça. Com isso, buscou-se em todo o reino jovens donzelas. "A jovem que souber agradar ao rei se tornará rainha em lugar de Vesti" (Est 2, 4a). O tutor de Edissa – que quer dizer Ester, que era muito bela –, Mardoqueu, era da tribo de Benjamim, tinha trazido de Jerusalém entre os cativos deportados do reino de Judá, por Nabucodonosor. Quando saiu o edito para a convocação das jovens virgens, Ester foi apresentada ao rei Assuero, que dela se agradou mais do que todas as outras, e do rei ganhou graças e favores reais, dando-lhe a coroa de rainha. Aconteceu, ainda no reinado de Assuero, traição ao rei e um edito contra os judeus, a fim de matar e exterminar todos os judeus. Mardoqueu pede a intervenção de Ester perante o rei. "Três dias depois Ester se revestiu de trajes reais [...]. Logo que o rei viu a rainha Ester no átrio, esta conquistou suas boas graças, de sorte que ele estendeu o cetro de ouro que tinha na mão, e Ester se aproximou para tocá-lo" (Est 5, 1-2). E o rei Assuero atendeu ao pedido de libertação do povo judeu. Ester, no Antigo Testamento, já é uma prefiguração de Maria de Nazaré.

Papa Francisco, em sua carta apostólica *Evangelii Gaudium*, no início do § 287, diz assim: "Á Mãe do Evangelho vivente, pedimos a sua intercessão a fim de que este convite para uma etapa da evangelização seja acolhido por toda a comunidade eclesial". Maria de Nazaré é a mulher de fé, que acreditou, e disse o seu sim, fazendo de seu caminhar uma vida de fé, assim podendo sim interceder por toda a humanidade; perante a mediação de seu Filho, Jesus Cristo (o Evangelho vivente); sendo canal de intercessão que leva a humanidade para Jesus, e Este para junto ao Pai. E, ainda, uma conversa de Papa Francisco com Marco Pozza, da qual foi elaborado o livro *Ave Maria*, que não só é uma explicação sobre a oração Ave Maria, mas também uma conversa sobre a "mulher" Maria. Dali coloco a frase do Papa Francisco: "Deus se segurou em uma mulher para vir até nós" (FRANCISCO, 2019, p. 52). E o demônio odeia Maria, "porque Maria levou no seu ventre o salvador, trouxe a regeneração ao mundo trouxe Deus para a humanidade" (FRANCISCO, 2019, p. 52). Felipe Aquino diz: "Deus se fez homem, sem deixar de ser Deus, e isso se fez por meio de Maria (AQUINO, 2011, p. 44). Maria, a que gera o Verbo, que dá ao Verbo o seu sague, a sua vida; Maria, tabernáculo de Deus.

2.6 MARIA MÃE DA IGREJA

No batente da porta lateral da Basílica da Anunciação, em Nazaré na Galileia, a porta que fica em direção à Casa da Sagrada Família, a Igreja de São José, está escrito: "*Mater Ecclesiae*" – Mãe da Igreja. Ao analisar esse contexto, o Catecismo da Igreja Católica no § 963 diz: "Depois de termos falado do papel da Virgem Maria no mistério de Cristo e do Espírito, convém agora considerar o lugar dela no mistério da Igreja". E, no § 964 diz: "O papel de Maria para com a Igreja é inseparável de sua união com Cristo, decorrendo diretamente dela – dessa união". Ela faz parte do Corpo místico de Cristo. Compreende-se o Corpo místico de Cristo como a Igreja. Jesus é a Cabeça e o ser humano parte do Corpo de Cristo, então, a Igreja é o ser humano, inserido, configurado em Cristo, e Maria o é. Maria esteve unida a Jesus Cristo do nascimento ao pé da cruz, de pé, quando seu Filho morria; da sepultura à ressurreição e ascensão de seu Filho, e quando, em oração no senáculo, com algumas mulheres e os discípulos (At 1,12-14), ali se mantém até o dia de Pentecostes (At 2,1-13). Ela está presente no início das comunidades cristãs, na Igreja nascente. E, como Mãe de Deus, ela gesta também a Igreja.

A Igreja pela ação do Espírito Santo gera, por intermédio da evangelização e do batismo, assim como Maria gerou o Filho de Deus, filhos para uma vida nova e imortal, ao caminharem para a santidade, a exemplo da Mãe de Jesus. A *Lumen Gentium*, em seu § 65, diz:

> Na Santíssima Virgem, a Igreja alcançou já essa perfeição com a qual faz com que ela se apresente sem mancha nem ruga (Ef 5, 27). Os fiéis, continuam ainda a esforçar-se por crescer na santidade, vencendo o pecado; por isso levantam os olhos para Maria que refulge a toda a comunidade dos eleitos como modelo de virtudes [...].

Sim, o ser humano, homem e mulher, levanta o olhar para Maria, para o mistério de sua santidade, e busca nela o amor perfeito, as virtudes que conduzem para o caminho do bem, para a imagem e semelhança do amor de Deus. Para o Decálogo, do qual Jesus não mudou uma vírgula, mas o aperfeiçoou, principalmente a segunda Taboa:

> Jesus respondeu-lhe: "O primeiro de todos os mandamentos é este: Ouve, Israel, o Senhor nosso Deus é único Senhor; amarás o Senhor teu Deus de todo o teu coração, de toda a tua alma, de todo o teu espírito e de toda a tua alma, de todo o teu espírito e de todas as tuas forças. Eis aqui o segundo: Amarás o teu próximo como a ti mesmo. Outro mandamento maior do que estes não existem. (Mc 12, 29-33)

Maria é exemplo de evangelização, de missionária, de justiça, de esperança para os sofredores, pobres e oprimidos. Maria é quem abre os corações para Deus, ela mostra o caminho para seu Filho. Ela é Mãe de Deus, mãe dos homens e mulheres, que a receberam em doação por seu Filho, ao pé da cruz, ela é Mãe da Igreja, esposa de Cristo. Mãe da Igreja que estava junto em Pentecostes (At 2, 1-13), no início, desde a primeira comunidade cristã.

Junto à cruz de Jesus estavam de pé sua mãe, a irmã de sua mãe, Maria de Cléofas, e Maria Madalena. Quando Jesus viu sua mãe e perto dela o discípulo que amava, disse à sua mãe: "Mulher, eis aí teu filho". Depois disse ao discípulo: "Eis aí tua mãe" (Jo 19, 25-26). "Mulher" nos remete às Bodas de Caná. "Mulher, isso compete a nós? Minha hora ainda não chegou" (Jo 2, 4b). E mais, remete a: "Porei ódio entre ti e a mulher, entre a tua descendência e a dela. Esta te ferirá a cabeça, e tu lhe ferirás o calcanhar" (Gn 3, 15). Na narrativa de Jo 19, 25-27, o discípulo amado representa também Igreja e é a Igreja; ali ao pé da cruz nasce a Igreja, e Maria de Nazaré como a Mãe da Igreja. No versículo seguinte, o Evangelista João continua: "Em seguida, sabendo Jesus que tudo estava consumado, para se cumprir plenamente a Escritura, disse: 'Tenho sede'" (Jo 19, 28). Esse "Tenho sede" é mais do que sede física, sede biológica, é sede de almas. Ele viu que estava tudo consumado, "inclinou a cabeça e rendeu o espirito" (Jo 19, 30) mais uma vez e, ali ao pé da cruz, nasce a Igreja. "Chegando, porém, a Jesus, como o vissem já morto, não lhe quebraram as pernas, mas um soldado, abriu-lhe o lado com uma lança e, imediatamente, saiu sangue e água" (Jo 19, 33-34); sangue e água: a água com a qual, com o batismo, o ser humano é configurado a Pessoa de Jesus Cristo, morre o homem velho e nasce o novo cristão. A água e o sangue, a comunhão, a Eucaristia, que resultou do sacrifício do Filho da Mãe de Deus e, ali ao pé da cruz, Maria estava de pé, ali, Maria de Nazaré chora a morte de seu Filho, mas de pé se mantinha firme na esperança, e confiança, fazendo em tudo a vontade do Pai, a esperança de quem guarda tudo em seu coração, e confiança nos planos de Deus.

O último livro da Bíblia, o Apocalipse, traz o gênero literário de um profetismo tardio, em que João estava preso na ilha de Patmos; a realidade naquele contexto era uma intensa perseguição política religiosa, aos seguidores do Caminho, aos seguidores de Jesus Cristo. Essa narrativa foi uma revelação de Deus para João. Em Apocalipse 12, João narra um grande sinal e, nesse sinal, a força de todo o cosmos está presente, e Afonso Murad (2017, p. 108) narra assim:

> Ap 12 começa como um sonho lindo. Um grande sinal aparece no céu (v.1-2): uma mulher com a glória e o poder de Deus, pois está brilhando, vestida de sol. Lida de forma equilibrada com as forças da natureza, e o ciclo da vida, pois tem a lua debaixo dos pés. A mulher já recebeu de Deus a certeza da vitória, pois carrega uma coroa, sinal de poder real, e as doze estrelas evocam a totalidade do Povo de Deus, representada nas doze tribos de Israel.

E ainda: "Nem tudo é bonito no sonho. A mulher está grávida, vai dar à luz. Passa por momentos confusos e difíceis, de muita dor, mas sabe que eles são preparação para um novo tempo" (MURAD, 2017, p. 108). No capítulo 12 do Livro do Apocalipse, vemos a Mulher pisando a cabeça da serpente, a serpente que quer devorar o filho que está para nascer, querendo devorar a Igreja nascente; na linguagem apocalíptica, é também entendida como a Igreja, e nessa correlação – Mulher e Igreja –, temos a realidade pastoral, que encontramos tanto em Maria de Nazaré como na Igreja, em que Cristo é a Cabeça e todo ser humano batizado é membro desse Corpo, conforme a *Lumem Gentium* em seu § 52 diz: "[...] Este mistério divino da salvação revela-se como seu corpo, e na qual os fiéis – unidos a Cristo, sua cabeça, e em comunhão com todos os seus santos – deve também, e 'em primeiro lugar, venerar a memória da gloriosa sempre virgem Maria [...]". Ao falar da participação nas pastorais, na Igreja de Cristo, temos como exemplo Maria de Nazaré. Ela está sempre atenta às necessidades de seus filhos, ela não é deusa, mas é esposa do Espírito Santo, onde Ele está, ela está também, assim, ela pode atender às necessidades de seus filhos. Ela, vendo as necessidades, inculturiza-se e leva o ser humano para o verdadeiro Deus, Uno e Trino. Assim foi na cidade de Lourdes, na França, assim foi na cidade de Fátima, em Portugal, assim foi na cidade do México, ao aparecer ao índio Juan Diego e pedir que ali fosse construída uma igreja – nossa senhora com o título de Nossa Senhora de Guadalupe –, entre outras tantas aparições que Deus assim autoriza, para a edificação do ser humano.

Lina Boff, em seu artigo "Maria de Nazaré: A Mulher que faz os caminhos Judeus-cristãos" (2017, p. 1), inicia assim:

> Como se apresentam tais caminhos nesse momento histórico? Partamos da realidade de hoje: de Norte a Sul do Brasil católico, nosso povo vive como experiência de fé e de aprofundamento dessa fé, datas que celebram acontecimentos marcados pela presença feminina de uma Mulher – Maria de Nazaré, judia como todas as outras de seu tempo, esposa de José da descendência de Davi, segundo as Sagradas Escrituras e Mãe do Messias que Israel esperava como Libertador e Salvador de seu povo.

Na medida em que as primeiras comunidades cristãs surgiam, do Evangelho deixado por Jesus Cristo, professado e divulgado pelos seres humanos de fé em Cristo, o respeito e a devoção por Maria de Nazaré também cresciam e se propagavam na identificação na força, na fé e na humildade confiante em Deus, virtudes que em Maria de vários títulos se encontra.

2.7 A MULHER COMO DEUS A SONHOU

O nome de cada ser humano é parte de sua identidade. Na Anunciação, o Anjo Gabriel, emissário de Deus, antes de chamar Maria, por seu nome próprio, saúda-a: "Ave Cheia de Graça!" (Lc 1, 28), aqui o "cheia de graça" é nome próprio, é como Deus Pai nomeia Maria, *Myriám*, a "cheia de graça". Ave quer dizer: alegra-te. Cheia de Graça quer dizer plena de Deus, repleta do Espírito Santo. Leonardo Boff (1997, p. 41) descreve assim sobre o Ave Cheia de Graça:

> [...] Ave Maria, alegra-te, bem-amada de Deus – nos abrem a perspectiva para entendermos a palavra mais importante de toda a oração angélica. A palavra decisiva, profética, carregada de promessas e de mistérios é esta: *Kecharitoméne*, cheia de graça (Lc 1,28). [...] Kecharitoméne – traduzida por S.Jerônimo como *gratia* plena, cheia de graça [...]. Há boas razões, seja bíblica seja teológica, para isso; por causa disto Maria é venerada como co-redentora, medianeira de todas as graças, rainha universal. A razão primordial de toda sua dignidade reside no fato de ser a mãe do Messias, a mãe de Deus.

O Evangelista Lucas descreve: "Ela ficou intrigada com essa palavra e pôs-se a pensar qual seria o significado da saudação" (Lc 1, 29). Clodovis Boff (2003, p. 49) discorre assim, sobre essa perícope: "Humanamente falando, Maria aparece dotada de uma subjetividade rica, interrogativa, reflexiva. É uma mulher consciente, responsável, diríamos hoje madura". Como uma mulher com origem do povo judeu – com seus Patriarcas: Abraão, Isaac e Jacó –, Jacó, o anjo, disse-lhe: "Seu nome não será mais Jacó mas sim Israel, porque lutaste com Deus e com os homens, e venceste" (Gn 32, 28); Maria de Nazaré carregava consigo os ensinamentos da lei mosaica, do *Talmud* – que é uma coletânea de livros sagrados dos judeus, em que estão registradas as discussões rabínicas que pertencem à lei, ética, costumes e história do judaísmo; conhecedora das leis e profetas, da Torá; mas era uma menina de seu tempo, com seus anseios e sonhos; confiou em Deus de tal forma que o seu "sim" trouxe ao mundo Aquele que marcaria o tempo (antes e depois de Cristo), e Aquele que libertaria a humanidade do pecado original, para quem Nele crer e que ganhou a eternidade para todos os que assim queiram.

Papa Francisco descreve assim: "Maria é cheia da presença de Deus. E é inteiramente habitada por Deus, nela não há lugar para o pecado. Trata-se de algo extraordinário, porque infelizmente tudo no mundo está contaminado pelo mal" (PAPA FRANCISCO, 2019, p. 24). Maria, Imaculada desde a concepção, plena de Deus, a única em todo o gênero humano sem pecado. Maria, na qual impera a juventude, não a juventude externa, como as mulheres influenciadas pela cultura global valorizam, mas a beleza diante de Deus, em que o pecado não existe, o mal não conseguiu manchar, para que o Salvador nela habitasse. Todos os seres humanos – homens e mulheres – estão manchados pelo pecado, fonte de todo mal. Por mais sublime que seja a realidade humana, ali está a mancha do pecado. Maria, "a cheia de graça é vazia de pecado"; até a anunciação em Nazaré, era uma ilustre desconhecida, não foi escolhida pela aparência, mas por seu coração humilde, simples, não era famosa, não havia "holofotes". Depois da anunciação, continuou com sua vida, sendo sempre a humildade o esteio de seu caminhar; teve alegrias, felicidades e muitas tristezas, dores, mas tudo "guardava em seu coração" (Lc 2, 19). Maria, modelo para a mulher contemporânea, e não só para as mulheres, e sim para homens e mulheres.

3

A FENOMENOLOGIA DA MULHER CONTEMPORÂNEA

"A mulher de valor se veste de coragem e de dignidade, e sorri para o amanhã" (Pr 31,25). A mulher de valor tira suas forças e coragem olhando para si e para a sua missão de ser mulher. A dignidade da mulher se faz na busca da felicidade plena, que é não fragmentar sua essência, não buscando fora de seu biotipo, de sua essência de ser mulher, nem buscar na cultura contemporânea e suas imposições, que muitas vezes são ideologias, e fazem do ser mulher um objeto, muitas vezes um objeto descartável. Um objeto de comércio, de sexualidade, de ideais. Sim, o valor da mulher está em sua essência de ser mulher, ser consciente de suas necessidades, sonhos, capacidades, vocações, fragilidades e limitações.

Fazendo um adendo sobre as ideologias, que são muitas, e elas fazem parte da contemporaneidade: a ideologia feminista, a ideologia machista, a ideologia marxista, a ideologia socialista, a ideologia de gênero, e tantas outras ideologias. Mas o que é uma ideologia? Uma ideologia é a ideia de uma pessoa ou de um grupo de pessoas, com o mesmo interesse; muitas vezes mascarada em querer o bem comum, ou luta por buscas pessoais. A história mostra que essas ideias, muitas vezes, vêm em forma de ondas, tendo início em um espaço geográfica, e em ondas se espalham para vários outros lugares geográficos.

Após a Segunda Guerra Mundial, que terminou em 1945, em que nesse contexto de guerra acontece o genocídio do idealismo do Partido Nazista – o arianismo, a hegemonia. Por unanimidade, os historiadores consideram, no âmbito político, que o partido era um regime de extrema-direita, pois a sustentação do partido vinha do apoio de grupos conservadores e parlamentaristas da direita alemã, tudo isso tendo à frente Adolf Hitler, a que várias nações se uniram. Criou-se, assim, em 1948, a Organização das Nações Unidas (ONU) – quando foi criado também o estado de Israel –, que contou com a participação da nação brasileira. Na ONU, por meio de uma Resolução, que não tinha ainda força de lei internacional: a Declaração Universal dos Direitos Humanos. No decorrer dos anos, a Declaração Universal dos Direitos Humanos foi transformando-se em um instrumento normativo e em um documento político de força de lei internacional que acabou por ser uma autêntica Carta da ONU.

A Declaração Universal dos Direitos Humanos é o documento que marca a história dos direitos humanos. Elaborada por representantes de diferentes origens jurídicas e culturais de todas as regiões do mundo, a Declaração foi proclamada pela Assembleia Geral das Nações Unidas em Paris, em 10 de dezembro de 1948. Ela estabelece, pela primeira vez, a proteção universal dos direitos humanos. Seu Artigo 7 estabelece: "Todos são iguais perante a lei e têm direito, sem qualquer distinção, a igual proteção da lei. Todos têm direito a igual proteção contra qualquer discriminação que viole a presente Declaração e contra qualquer incitamento a tal discriminação". A luta das mulheres por igualdade de direitos vem de longa data. A luta por ser como o homem nas situações de trabalho, na igualdade econômica profissional, e mesmo na capacidade profissional. A luta por igualdade na relação entre os cônjuges no direito à família. A luta por ser provedora de seus filhos. Enfim, a luta por não ser discriminada por ser mulher.

O protagonismo da mulher na sociedade e nas comunidades religiosas é pouco valorizado, pouco visto, pouco dignificado. Grandes avanços já foram alcançados; no dia 8 de dezembro de 1965 (em 8 de dezembro, a Igreja Católica celebra o dia da

Imaculada Conceição), na conclusão do Concílio Vaticano II, o Papa Paulo VI escreve uma mensagem às mulheres. Nela, o Papa Paulo VI valoriza todas as mulheres: "E agora, é a vós que nos dirigimos, mulheres de todas as condições, jovens, esposas, mães e viúvas. A vós também, virgens consagradas e mulheres solteiras: vos constituis a metade da família humana". Nela, o Papa diz que: "A Igreja orgulha-se, como sabeis, de ter dignificado e libertado a mulher, de ter feito brilhar durante os séculos, na diversidade de caracteres, a sua igualdade fundamental com o homem". Valoriza a mulher como ser humano; por ser mulher, por ser mãe: agradece por ela ser a educadora das novas gerações; que a mulher, quando impregnada do espírito do Evangelho, ajuda a humanidade, até para não decair. Em 1965, o Papa vê que a hora da vocação de ser mulher na sociedade, na família, na Igreja, na humanidade, havia chegado. Nesse contexto, a Doutrina Social da Igreja na Agenda Social – Coleção de Textos *Magisteriais* –, em seu parágrafo 117, diz:

> Nessa viragem cultural a favor da vida, as mulheres têm um espaço de pensamento e ação singular e talvez determinante: compete a elas fazerem-se promotoras de um «novo feminismo» que, sem cair na tentação de seguir modelos «masculinizados», saiba reconhecer e exprimir o verdadeiro gênio feminino em todas as manifestações da convivência civil, trabalhando pela superação de toda a forma de discriminação, violência e exploração.

Está aqui a essência do ser mulher, e do ser homem, a essência de ser humano. Não se tem necessidade da luta, da competição de gênero, cada ser humano é único, em cada ser humano existe um sentido de existir, único, em cada ser humano há uma história, um sonho, uma realidade.

O valor, a dignidade, a essência da mulher como ser humano, mais do que nas lutas por igualdade ao homem, está em sua fenomenologia de assim o ser. Não o ser mulher fragmentada em sua essência, ao contrário, está em sua integralidade, no ser mulher. Na fenomenologia do ser mulher: enquanto criança, enquanto menina, adolescente, jovem, virgem, solteira, casada, adulta, mãe, trabalhadora (em casa ou fora de casa), viúva, idosa e feliz, repleta de dignidade. Essa é a grandeza de ser mulher, de estar viva e comprometida com a vida; encontramos a dignidade, a essência de ser mulher; encontramos as diversas faces do ser mulher; do ser humano, na imagem e semelhança de Deus.

3.1 A MULHER CONTEMPORÂNEA

A Sagrada Escritura traz duas narrações da criação do ser humano; na primeira: "Deus disse: 'Façamos o homem à nossa imagem, como nossa semelhança, e que eles dominem sobre os peixes do mar, as aves do céu, os animais domésticos, todas as feras e todos os répteis que rastejam sobre a terra'" (Gn 1, 26). Na "A nossa imagem e semelhança", já temos a Trindade – Deus Pai, Filho e Espírito Santo –; um só Deus em três Pessoas; ou seja, um só Deus e três missões distintas – o Criador, o Salvador e o Vivificador. E a segunda: "Então Deus modelou o homem com a argila do solo, insuflou em suas narinas um hálito de vida e o homem se tornou um ser vivente" (Gn 2,7), ainda, "Deus disse: 'Não é bom que o homem esteja só. Vou fazer uma auxiliar que lhe corresponda'" (Gn 2, 18), e

> Então Deus fez cair um torpor sobre o homem, e ele dormiu. Tomou uma de suas costelas e fez crescer carne em seu lugar. Depois, da costela que tirara do homem, Deus modelou uma mulher e a trouxe ao homem. Então o homem exclamou: "Esta, sim, é osso de meus ossos e carne de minha carne! Ela será chamada mulher, porque foi tirada do homem". (Gn 2,21-23)

Na primeira narração, Deus criou o ser humano, homem e mulher, à sua imagem e semelhança (Gn 1, 26); assim, nesse contexto, o documento *Mulieris Dignitatem*, no § 9 b, descreve:

> [...]. Esta verdade apresenta a criação do homem como uma doação especial por parte do Criador, na qual estão contidos não só o fundamento e a fonte da dignidade essencial do ser humano – homem e mulher – no mundo criado, mas também o início do chamamento dos dois a participarem da vida do próprio Deus.

A imagem e semelhança do ser humano (homem e mulher – criatura), com o Criador, é ponto essencial de toda a criação, ou de toda a essência da dignidade para toda a humanidade. A imagem e semelhança está na essência de todo ser humano, nela habita o bem maior, em seu interior está a tendência para o bem, onde no interior de seu ser habitada por sua consciência, pode e deve olhar, "amar" o próximo como a si mesmo. Stein diz sobre a imagem e semelhança de Deus que há uma tríplice tarefa dirigida ao ser humano que é: crescer, multiplicar-se e governar a terra.

> Portanto, logo o primeiro relato sobre a criação do ser humano fala-se da diferenciação entre homem e mulher. Mas a tríplice tarefa é dirigida a ambos em conjunto: que sejam a Imagem de Deus, que tenham descendência e que dominem a Terra. Não se diz aqui que essa missão tripla deva ser realizada pelo homem e pela mulher de uma outra maneira; no máximo é possível encontrar nesse contexto uma insinuação pelo fato de se mencionar a diferença sexual (STEIN, 2020, p. 62-63).

Na misericórdia de Deus está o amor incondicional de Deus por toda sua criação, em especial ao ser humano, que foi criado para a felicidade, para a felicidade plena; ou seja, para a santidade:

> Como filhos obedientes, não consistais em modelar vossa vida de acordo com as paixões de outrora, do tempo da vossa ignorância. Antes, como é santo aquele que vos chamou, tornai-

> vos também vós santos em todo comportamento, porque está escrito: Sede santos, porque eu sou santo. (1Pd 1, 14-15)

Deus criou o ser humano – homem e mulher – providos de razão, liberdade e dignidade, e nelas as paixões e sentimentos, que por si só não são boas nem más, depende da escolha, pelo uso do livre arbítrio e da razão. Sendo assim, livre Deus criou a humanidade, mas criou-os para a felicidade e para a santidade de vida, que em Maria de Nazaré a humanidade encontra todas as virtudes, para assim o serem.

Sobre a santidade, tem-se a ideia de que só pessoas muito especiais, com grandes espiritualidades, pessoas místicas, têm a graça de ser santos. Não, não é assim, os santos canonizados pela Igreja Católica são pessoas especiais sim, mas porque viveram suas vidas na simplicidade, na caridade do amor a Deus e ao próximo, tomaram suas cruzes e caminharam ao encontro da felicidade plena em Deus. Ser santo não é estar desprovido de sofrimentos, dores, perseguições, esse contexto é meio de fortalecimento espiritual e moral em cada ser humano. Ser santo não é quem não erra, ser santo é aquele que se dispõe à conversão, todos os dias. Para o ser humano ser bem-aventurado, para caminhar para a santidade, só precisa ser servo de Deus e servir ao próximo, no compromisso do amor fraterno.

> Cesse de perturbar-se o vosso coração! Credes em Deus, crede também em mim. Na casa de meu Pai há muitas moradas, se não fosse assim, eu vos teria dito, pois vou preparar-vos um lugar e quando for e vos tiver preparado o lugar, virei novamente e vos levarei comigo a fim de que, onde eu estiver, estejais vós também. (Jo 14, 1-3)

Os seres humanos, quando morrem para esta vida, para este tempo e espaço, continuam suas vidas em outro estado de vida. Nesse contexto, existe uma "historinha" de autor desconhecido que diz: "Estou no cais, tem um barco ancorado, de repente o barco levanta ancora e começa a navegar. Para mim que fiquei no cais, o navio se perde no horizonte, não consigo mais vê-lo, mas, isto não quer dizer que ele deixou de existir, só não o vejo mais". Assim é o estado de vida de todo ser humano que já está na presença de Deus, ou ainda não, o ser humano vive, só que em outra forma de vida. O Catecismo da Igreja Católica fala sobre o sentido da morte cristã, ou o sentido da vida eterna. No § 1010, diz: "Graças a Cristo, a morte cristã tem um sentido positivo. "Para mim, a vida é Cristo, e morrer é lucro" (Fl 1, 21). "Fiel é esta palavra: se com Ele morrermos, com Ele viveremos" (2Tm 2,11). A novidade essencial da morte cristã está nisto: pelo Batismo, o cristão já está sacramentalmente "morto com Cristo", para viver uma vida nova; e, se morrermos na graça de Cristo, a morte física consuma esse "morrer em Cristo" e completa, assim, nossa incorporação a ele em seu ato redentor. Bem como o § 1011 do Catecismo da Igreja Católica: "Na morte, Deus chama o homem para si. É por isso que o cristão pode sentir, em relação à morte, um desejo semelhante ao de S. Paulo: 'O meu desejo é partir e ir estar com Cristo' (Fl 1,23) [...]". Os que estão na presença de Deus são os que viveram suas vidas, dia a dia, escolhendo fazer o bem, tendo intimidade com Deus, em oração, que deram ótimos conselhos, que são exemplos de vida e estão na vida eterna, na presença de Deus. Existem milhares de milhões de seres humanos anônimos que estão na presença de Deus, são santos, sim, santos, pois já passaram pela Igreja Peregrina – aqui na terra, e fazem parte, agora, da Igreja Triunfante – na presença de Deus. Isso é ser santo, carregar a cruz, amando a Deus e ao próximo e vivendo na prática as virtudes teologais: fé, esperança e caridade, e as virtudes cardeais.

Por falar em santidade, temos Edith Stein – Santa Teresa Benedita da Cruz –, que nasceu judia, última de 11 irmãos, nasceu em Breslau na Alemanha, a 12 de outubro de 1891, no dia em que a família festejava o "Dia da Expiação", a grande festa judaica. Por essa razão, a mãe teve sempre uma predileção por essa filha. O pai, comerciante de madeiras, morreu quando Edith ainda não tinha completado os 2 anos. A mãe, sozinha, tenta educar os filhos na fé judaica; com Edith, não consegue, pois Edith perde a fé judaica: "Com plena consciência e por livre eleição", ela afirma mais tarde. Stein dedica-se, então, a uma vida de estudos na Universidade de Breslau, tendo como meta a Filosofia. Ainda enquanto estudante, teve como mestre Edmund Husserl (matemático e filosofo alemão), chegando também a ser assistente de Husserl. Stein, durante muito, muito tempo em suas pesquisas, busca: o que é a verdade? Os anos de estudos passam até que, no ano de 1921, Edith visita um casal convertido ao cristianismo. Na biblioteca desse casal, ela encontra o livro de Santa Teresa de Ávila: *As Moradas do Castelo Interior*. Edith lê o livro durante toda a noite. "Quando fechei o livro, disse para mim própria: é esta a verdade". Em janeiro de 1922, Stein é batizada, para tristeza de sua mãe. Em 1932, é admitida em uma cátedra numa instituição católica, onde desenvolve a sua própria antropologia, encontrando a maneira de unir ciência e fé. Na Alemanha, em 1933, Adolf Hitler, líder do Partido Nazista, inicia a perseguição aos com necessidades físicas e mentais especiais, aos homossexuais e ao Povo Judeu. Stein perde a vaga na academia, mas já havia solicitado a autorização para ingressar na Ordem das Irmãs Carmelitas, e ingressa no Carmelo em 14 de outubro de 1933, passando a chamar-se Tereza Benedita da Cruz. Seus irmãos, com exceção de sua irmã Rosa, vão morar nos Estados Unidos, motivados pela perseguição nazista. Rosa fica na Alemanha com a mãe deles, para cuidar da mãe. Em 1938, Edith faz sua profissão perpétua. Rosa, após a morte da mãe, vai juntar-se a Edith no Carmelo, e também se converte ao cristianismo, na sequência, pede o batismo. Da Alemanha, foram as duas transferidas para a Holanda. No período do nazismo, os Bispos católicos da Holanda fazem um comunicado contra as deportações dos judeus. A Gestapo, em represália a esse comunicado, invade o convento onde Edith e Rosa estão; assim, com mais 985 judeus, ambas são levadas para Auschwitz. No dia 9 de agosto de 1945, as duas irmãs morrem na câmara de gás. Onze anos depois de sua morte, o Papa João Paulo II beatificou Edith Stein no dia 11 de agosto de 1998: Santa Teresa Benedita da Cruz.

Edith Stein, em suas pesquisas e busca na filosofia, até por estar à frente de seu tempo, ser mulher, fazendo parte da Academia, uma grande pesquisadora da essência do ser humano, procurou mostrar a preocupação sobre o modo de entender a tríplice natureza feminina: o desenvolvimento de sua feminilidade, de sua humanidade e de sua individualidade. Fez uma análise na perspectiva fenomenológica e teológica da questão feminina. Examinou as relações entre masculino e feminino, destacando de modo particular a questão da mulher. Escavou o panorama da literatura feminina da época, na preparação do vasto conjunto de palestras, e em sua participação nos movimentos feministas e pedagógicos, descreve a essência e a missão da mulher quando questiona: "Qual é a formação a que aspira a alma da mulher?" (STEIN, 2020, p. 106). Reiterou, propondo uma antropologia do feminino, o papel o qual a mulher é chamada a desempenhar, na sua missão segundo a natureza e a graça, encontrando em Maria sua plenitude de feminino.

Stein traz um maravilhoso compilado antropológico sobre as mulheres. Impossível não se identificar com a construção antropológica do seu pensamento. Ao propor uma filosofia da mulher, com base antropológica, traça na obra em análise uma programação de formação feminina – com enfoque na realidade da mulher, sua dignidade, natureza e vocação. Aborda profundamente a problemática das questões feminina. Mostra como ela vê e pensa a mulher, e ao mesmo tempo como a mulher é vista pensada pela sociedade. Ao elaborar um estudo sistematizado sobre a mulher, Edith Stein não pensa apenas a mulher dentro de seus limites no universo feminino ou meramente uma especificidade do gênero feminino. Abrange a compreensão e a diferença entre masculino e feminino a partir de uma questão mais ontológica do que social ou cultural. Essa diferença é constatada não só no corpo ou nas funções fisiológicas, mas em toda a vida corporal, psíquica e espiritual. De modo que se pode afirmar que a espécie humana feminina corresponde à unidade e à integridade de toda a personalidade psicofísica, o desenvolvimento harmonioso das forças, e a espécie masculina se destaca pela potência máxima de forças isoladas.

São João da Cruz é um frade carmelitano, escreveu um livro de uma grande profundidade, viveu uma "noite escura – padecer e depois morrer", e dessa experiência escreveu o livro *Noite Escura* (1577). Na tentativa de compreender a personalidade de são João da Cruz, Edith Stein escreve o livro *A ciência da cruz*. Nele, interpreta o que julga ter compreendido das leis que regem a existência e a vida espiritual, diz:

> Nossa inteligência pode tornar-se apta para coisas sobrenaturais se Deus quiser elevá-la a esse conhecimento; por natureza, entretanto, é somente capaz de conhecimento natural, ou seja, por meio dos sentidos – a via natural que lhe apresenta o objeto. [...] Ouvindo do falar alguém de alguma coisa nunca vista e não conhecida sequer por semelhança com outra, o que pode aprender é somente o nome das coisas, mas nunca adquirir-lhe a imagem [...] Cabe-nos dar assentimento ao que nos foi dito, embora não nos tenha sido mostrado pelos sentidos. Por isso, a fé é para a alma uma noite totalmente escura. Mas é por isso também que a Fé traz a luz à alma: um conhecimento com absoluta certeza, que supera todo e qualquer outro conhecimento e ciência, de modo que só se chega à verdadeira concepção de Fé pela perfeita contemplação. (STEIN, 2020, p. 56)

Por Stein, ao interpretar João da Cruz, vê-se que a espiritualidade, a fé, o buscar um ser superior a si, buscar o transcendente, faz parte do gênero humano, que é singular e intrínseco em si próprio. Ou seja, fé e vida – *práxis* – andam juntas.

Para Stein, a ciência da alma, geralmente, é vista de forma genérica, ou seja, a alma do ser humano – homem, mulher. Mas é possível captar o âmago da alma feminina.

> [...] Tornar-se aquilo que se deve ser, deixar amadurecer para o desdobramento mais perfeito possível a humanidade que está latente nela, na forma individual especial que foi colocada nela. Deixar amadurecê-la na união amorosa que, fecundado, provoca esse processo de amadurecimento e, ao mesmo tempo, estimula e promove também nos outros o amadurecimento de sua perfeição, essa é a aspiração mais profunda do desejar feminino, que pode manifestar-se nos mais diversos disfarces e mesmo distorções e desfiguramentos. Ainda veremos que é esse desejo que corresponde à função eterna da mulher. (STEIN, 2020, p. 93)

E ainda: "A aspiração do homem se dirige mais aos efeitos externos, à ação e ao desempenho do que ao ser pessoal, dele próprio e dos outros. Claro que não se pode separar completamente as duas coisas. A alma humana como tal não é um ser pronto, parado. [...]" (STEIN, 2020, p. 93). Stein (2020, p. 94) acrescenta ainda: "Tenho a impressão de que nem mesmo a relação entre corpo e alma é totalmente igual, de que o vínculo com o corpo é naturalmente mais intenso na mulher". E ainda: "A tendência do homem visa sobretudo adquirir conhecimento e agir. A força da mulher está na vida afetiva" (STEIN, 2020, p. 95). Com isso, pode-se dizer que a alma feminina está voltada mais ao ser ontológico de que ao ser antropológico, ao qual a alma masculina está voltada. Não que se possa separar os dois, simplesmente diferentes na forma de ser humano.

Na carta apostólica de João Paulo II, *Mulieris Dignitatem*, o parágrafo nono inicia assim: "Constituído por Deus em estado de justiça, o homem, porém, tentado pelo Maligno, desde o início da história abusou de sua liberdade. Levanta-se contra Deus desejando atingir o seu fim fora dele". Deus tudo criou e viu que tudo era bom; e criou o ser humano atribuído de razão, concedendo-lhe a dignidade da liberdade de decisão, para que pudesse por ele mesmo buscar seu Criador; em que a liberdade está baseada na razão e na vontade, de agir ou não agir, e é uma fonte de crescimento e amadurecimento na verdade e na bondade. A liberdade é no ser humano finita e falível. O ser humano pecou livremente, abandonando o projeto do amor de Deus; desse mau uso da liberdade, as consequências foram os infortúnios e as opressões que atuam e saem dos corações humanos; disso surge a autossuficiência, a ganância, a arrogância, e tantos outros males. Nesse sentido, acontece o "mistério do pecado". A Bíblia apresenta o Demônio tentar nossos primeiros pais – Adão e Eva –, que por desobediência pecaram. A criação do cosmos e do ser humano: "[...]. Contém, ao mesmo tempo, a verdade sobre esse pecado, que pode ser chamado também o pecado do 'principio' do homem sobre a terra – ou o 'mistério do pecado'" (*Mulieris Dignitatem*, 2005, § 9c). Assim diz também: "No seu significado essencial, todavia, o pecado é a negação daquilo que Deus é" (*Mulieris Dignitatem*, 2005, § 9c). E mais no § 9b (*Mulieris Dignitatem*, 2005):

> Não é possível ler "o mistério do pecado" sem fazer referência a toda a verdade sobre a "imagem e semelhança" com Deus, que está na base da antropologia bíblica. Esta verdade apresenta a criação do homem como uma doação especial por parte do Criador, na qual estão contidos não só o fundamento e a fonte da dignidade essencial do ser humano – homem e mulher – no mundo criado, mas também o início do chamamento dos dois participarem da vida intima do próprio Deus. A luz da Revelação, criação significa ao mesmo tempo início da história da salvação. Exatamente neste início o pecado se inscreve e se configura como contraste e negação.

Já no início da criação, também pelo mistério do pecado tem-se a ruptura do gênero humano.

Antes do "principio", Deus já sabia da existência do mal, do demônio, da morte, da dor. Deus disse para Adão e Eva não comerem da árvore no meio do jardim (árvore do conhecimento do bem e do mal), tentados pelo demônio, desobedeceram, quiseram ser como Deus; disseram para Deus: somos autossuficientes, não precisamos de sua ajuda! Assim, o pecado (a escolha do bem e do mal) é a confirmação da verdade sobre a imagem e semelhança de Deus no ser humano; a liberdade, ou seja, livre arbítrio. O Criador é semelhante à sua criatura, menos no pecado; pecado que é a privação do homem e da mulher de viverem na presença de Deus. Ou seja, a natureza divina é o sumo bem, a natureza humana – homem e mulher –, por seu livre arbítrio, pode decidir por fazer o bem ou fazer o mal; não que em Deus a natureza divina seja privada de liberdade, mas que Deus é amor, Nele não há mal algum (I Jo 4, 8).

Deus, que nunca desiste da humanidade (humanidade que geme em dores de parto, cf. Rm 8,22), já no "princípio" coloca "hostilidade entre ti (o mal) e a mulher, entre tua linhagem e a linhagem dela" (Gn 3, 15). E disse a Eva: mulher, "multiplicarei as dores de tuas gravidezes, na dor darás à luz filhos. Teu desejo te impelirá ao teu marido e ele te dominará" (Gn 3, 16). Aqui se trata mais da segunda narrativa da criação do ser humano e da escolha do ser humano pelo pecado. O parágrafo 10 do *Mulieris Dignitatem* inicia dizendo um ponto fundamental no que relaciona à mulher: "A descrição bíblica do Livro do Gênesis delineia a verdade sobre as consequências do pecado do homem, como indica também a perturbação da relação original entre o homem e a mulher que corresponde à dignidade pessoal de cada um deles". A consequência do pecado trouxe à consciência humana sua limitação, sua fragilidade, sua finitude.

"Então o homem exclamou: 'Está sim, é osso de meus ossos e carne de minha carne! Ela será chamada 'mulher' porque foi tirada do homem!'" (Gn 2, 23). Homem e mulher, Deus os criou. Deus "à mulher Ele disse: 'Multiplicarei as dores de tuas gravidezes, na dor darás à luz filhos. Teu desejo te implicará ao teu marido e ele te dominará'" (Gn 3, 16). Do *Miliris Dignitatem*, no § 10:

> [...] O ser humano, tanto homem como mulher, é uma pessoa, por conseguinte a única criatura na terra que Deus quis por si mesma; e, ao mesmo tempo, precisamente essa criatura única e irrepetível não pode se encontrar plenamente senão por um dom sincero de si mesma; e, ao mesmo tempo, precisamente esta criatura única e irrepetível não pode se encontrar plenamente senão por um dom de si mesma. Daqui se origina a relação de "comunhão", na qual se exprimem a "unidade dos dois" e a dignidade pessoal tanto do homem como da mulher [...].

A dignidade se faz na pessoa humana, ela faz parte do ser humano como tal.

A dignidade é a mesma tanto para o homem como para a mulher, pois Deus os criou à sua imagem e semelhança – homem e mulher. Desde a Pré-História até a contemporaneidade, o homem tem essa ideia de que é superior à mulher. Essa ideia criou um sistema de representação simbólica, com o objetivo de induzir o homem a uma mentira, voltada ao direito, dominação e submissão entre homem e mulher, usando esses argumentos e as relações sexuais para tanto, e assim criando regras sociais. E dessa ideia de superioridade é que surge o machismo cultural.

> Homem e mulher são destinados a levar uma vida em comum como se fossem um único ser. Mas, ao homem que foi criado primeiro cabe a direção dessa comunidade de vida. Tem-se, no entanto, a impressão de que essa interpretação não reflita puramente a ordem original e salvífica, antes parece imbuída ainda de domínio e entende o homem como ser mediador entre o Redentor e a mulher. Nem o relato da criação nem o evangelho fazem referência a essa

> mediação na relação com Deus. Ela é própria, isso sim, da lei mosaica e do direito romano. (STEIN, 2020, p. 68)

A lei de Moisés, os pensamentos judaicos, influenciam o direito romano, no sentido de o gênero masculino "ter que ser" superior ao gênero feminino e, como tal, deve dominar. Mas Jesus, na pregação do Reino de Deus, veio completar a lei mosaica, não a eliminar, mas a completar; principalmente no que se refere à segunda tábua. Ou seja, na primeira tábua, do primeiro ao terceiro mandamento, a lei mosaica trata da relação do ser humano para com Deus, e na segunda tábua, do quarto mandamento ao décimo, trata das relações humanas, das relações do ser humano para com o próximo. Assim, é só ler nos evangelhos como Jesus tratava as mulheres. Alguns exemplos: a Samaritana (Jo 4, 1-29); Marta e Maria (Lc 10, 38-42); a pecadora perdoada (Lc 7, 36-50); a mulher adúltera (Jo 4, 1-290), e entre outras passagens, a dureza de coração em relação ao matrimônio, os fariseus perguntaram a Jesus: "É permitido ao homem repudiar sua mulher?" (Mt 5, 31-32). Paulo também percebe na lei mosaica a tendência judaica, quando escreve uma de suas cartas pastorais aos Coríntios (1Cor 7, 1-16) sobre o matrimônio e a virgindade, bem como na Carta aos Efésios no capítulo 5, 22-32. O importante é o equilíbrio, a compreensão do ser enquanto ser, em tudo e em todos.

Na contemporaneidade, ainda persiste o machismo, ou seja, a forma de tanto o homem como a mulher (sim, mulher, pois existem mulheres machistas) considerarem o gênero masculino superior ao gênero feminino, nos aspectos físicos, intelectuais e sociais; de ter distinção quanto à atividade social entre homem e mulher, ou ainda o julgamento nesse sentido que oprime o gênero feminino, moral, psicológica, cultural ou socialmente. Desse preconceito machista é que são encontradas diversas atitudes, tais como violência, assédio e estupro, objetificação da mulher; no campo da moral e da psicologia e na economia, surgem as desigualdades de direitos salariais entre homens e mulheres. O machismo cultural faz parte dos diversos aspectos de uma sociedade e/ou de uma cultura, como a economia, a política, a religião, a família, a mídia, as artes, e tantas outras.

Para falar sobre a mulher contemporânea, é necessário conhecer a vocação feminina. Para tanto, buscar os fatos históricos e neles encontrar quando a mulher teve necessidade do "trabalho fora do lar, ou fora de casa"; buscar a história dos contraceptivos, buscar a história da "independência" feminina; tudo isso tomando o cuidado para não cair em idealismos, como o feminismo, a cultura de morte e tantos outros. E na sequência buscar o que é da natureza da mulher: a vocação de ser esposa e mãe.

3.2 O PAPEL DA MULHER CONTEMPORÂNEA NO TRABALHO E NA SOCIEDADE

É preciso falar sobre o tema da vocação feminina nas profissões. Edith Stein, ao aprofundar o tema, parte da palavra *Ethos*, que: "[...] exprime algo duradouro que regula os atos do ser humano, não se trata de uma lei imposta de fora ou de cima, antes, é algo que atua dentro do ser humano, uma forma interna, uma atitude de alma constante, aquilo que a escolástica chama de hábito" (STEIN, 2020, p. 47). *Ethos* é o hábito que, quando se torna valores, é uma atitude constante da alma do ser humano, então, hábitos são atitudes externadas que o ser humano alimenta internamente. Os hábitos são de duas naturezas: hábitos infusos, que são as virtudes divinas ou as teologais (fé, esperança, caridade), ou seja, é tudo o que produz a santidade do ser humano, e os hábitos adquiridos a partir de inclinações naturais (aptidões e virtudes naturais). O *Ethos* profissional é a profissão abraçada por vocação. Ele pode estar no ser humano por natureza ou pela execução frequente das atitudes e dos comportamentos correlatos. Do *Ethos* das profissões, diz Stein (2020, p. 56): "Mas a vida divina que se aloja na vida entregue a Deus, o amor que serve, que é misericordioso, que dá e promove a vida, corresponde perfeitamente àquilo que destacamos como sendo o *Ethos* profissional que se exige da mulher". Nesse caminho do *Ethos*, Stein (2020, p. 56) coloca:

> [...] Mas pode-se afirmar que a natureza feminina, caída e desfigurada, só pode ser restabelecida em sua pureza e levada ao auge pelo *Ethos* profissional previsto para a natureza feminina pura quando ela se entrega totalmente a Deus. Quer ela esteja vivendo como mãe em casa, que ocupe lugar de destaque na vida pública ou esteja atrás dos muros silenciosos de um convento, em todo lugar deve ser serva do Senhor, como o foi a Mãe de Deus em todas as situações da vida: como virgens do templo nos domínios do recinto sagrado, nas tarefas humildes de Belém e Nazaré, como guia dos apóstolos e da primeira comunidade cristã após a morte do filho. Toda mulher seja uma imagem da Mãe de Deus, uma *sponsa Cristi*, uma apóstola do coração divino: assim, todas cumpririam sua vocação feminina, independente da situação em que vivessem e de atividade que preenchesse externamente suas vidas.

E ainda:

> Resumamos: uma verdadeira profissão feminina é toda aquela que pode ser moldada pela alma feminina e na qual está se torna útil e realizada. O princípio formador íntimo da alma feminina é o amor que brota do Coração Divino. A alma feminina obtém esse princípio formador por meio da mais estreita ligação ao Coração Divino numa vida eucarística e litúrgica. (STEIN, 2020, p. 59)

Existe apenas uma profissão feminina, a profissão natural da mulher. O corpo e a alma da mulher foram formados para uma finalidade específica: a de amar e de ser amada.

Deus criou o ser humano, homem e mulher, e "Deus os abençoou: "Frutificai, disse ele, e multiplicai-vos, enchei a terra [...]" (Gn 1, 28). Depois de Deus criar o homem do barro:

> O senhor Deus disse: "Não é bom que o homem esteja só; vou dar-lhe uma ajuda que lhe seja adequada [...]" E da costela que tinha tomado do homem, o Senhor Deus fez uma mulher, e levou-a para juto do homem. Eis agora aqui, disse o homem, o osso de meus ossos e a carne de minha carne; ela se chamará mulher, porque foi tomada do homem. (Gn 2, 22-24)

Em Gêneses, vemos que a mulher foi criada para ser a companheira do homem e mãe dos seres humanos. Seu corpo, sua psique, foram criados para isso. A natureza humana – homem, mulher – é comum, mas de força e alma diferentes.

> A natureza da mulher mostra-se exatamente paralela. Segundo a ordem original, seu lugar é ao lado do marido, no empenho de submeter a terra e de cuidar dos descendentes. Mas, seu corpo e sua alma se prestam menos à luta e à conquista e mais à prática de cuidar, guardar e conservar (STEIN, 2020, p. 75).

Junto ao desejo natural da maternidade está o de ser companheira, ali, a felicidade do ser mulher completa-se. O ser companheira, participar sua vida com o outro, participar sua vida e todos os acontecimentos de sua vida com o marido, aqui está um tema que deixa muitas pessoas, principalmente muitas ideologias, irritadas. "A participação da vida do marido leva consequentemente à subordinação na obediência, conforme ordenada pela Palavra de Deus" (STEIN, 2020, p. 58). Buscando em dicionários, as palavras subordinação e obediência são palavras que se contrapõe. Aqui, as palavras subordinação e obediência se completam para a liberdade pura, tanto do ser mulher como do ser homem, pois vêm no sentido da plenitude de ser humano. Não são palavras usadas para diminuir um e engrandecer o outro, pois ao mesmo tempo o homem é obediente e subordinado à esposa e a mulher é obediente e subordinada ao esposo, no matrimônio não deve haver competição de superioridade, pois um todo completa o outro todo. Maria de Nazaré foi subordinada e obediente ao Pai, e pelo seu sim viu-se a sua liberdade plena. A subordinação e obediência, quando não passiva, e sim uma subordinação e obediência ativa; na subordinação ativa, a mulher, e por que não dizer o homem, realiza-se, quando por subordinação e obediência a atitude do ser humano é por amor:

> Sendo ele de condição divina, não se prevaleceu de sua igualdade com Deus, aniquilou-se a si mesmo, assumindo a condição de escravo e assemelhando-se aos homens. E, sendo exteriormente reconhecido como homem, humilhou-se ainda mais, tornando-se obediente até a morte, e morte de cruz. (Fl 2,6-8)

Da subordinação temos a humildade, o amor; da obediência temos: "Foi a obediência que vos abriu o céu na virtude do Sangue de Cristo" (Santa Catarina de Sena). A maternidade e o matrimônio vêm da obediência a Deus. À mulher, por seu gênero feminino, ao seu biótipo cabe a vocação de gerar em seu ser outra criatura, que, com a participação do gênero masculino, participam da criação cósmica de Deus; o ser humano, assim, torna-se cocriador.

Apesar de as líderes feministas, no início do movimento, dizerem que a mulher tem acesso a todas as profissões, isso sim e não; ou seja, sim a todas as profissões que a ela se adaptarem (outras profissões naturalmente femininas). O movimento feminista contemporâneo é um movimento social e político, que, sistematicamente, pode-se dividir em três marcos históricos, que levaram as mulheres para protestarem nas ruas, e com características, cada uma, de uma onda. O primeiro marco estava concentrado nos Estado Unidos e Europa, onde eram pedidos: direito ao voto, vida pública e perguntas sobre o ser dona de casa. No Brasil, Nísia Floresta escreve o livro *Direitos das Mulheres e Injustiça dos Homens*. O segundo marco acontece no início da década de 1950 indo até os anos 1990, que trazia ao público as opressões que as mulheres sofriam em casa; pediam: liberdade sexual, direitos reprodutivos e expor a violência contra a mulher. Nesses dois primeiros momentos, as mulheres conseguiram o direito ao voto, ao divórcio e à propriedade. O terceiro marco histórico teve início nos anos 1990, e o sentido desse movimento é a ideia de que as mulheres são diversas, assim, surgem diversas vertentes do feminismo. Traz questões como classe, raça, as diversidades de gênero, sexualidade, violência de gênero, inclusão das mulheres na política. A partir dos anos 2000, com o chegar das redes sociais, as mulheres não vão mais para as ruas e sim usam as redes social para reivindicar.

A história e evolução da mulher no mercado de trabalho é assunto recente. No século XVIII, na Inglaterra, teve início a Revolução Industrial. Quando da I e II Guerras Mundiais, os homens iam para a guerra e as mulheres precisavam tomar frente nos negócios da família e também nos trabalhos ocupados pelo homem. Até o século XIX, eram poucas as mulheres que conseguiam ir para a faculdade. A cultura mundial, não em um contexto absoluto, mas na Europa, América do Norte, do Sul e Central, sempre foi patriarcal, em que o homem era "o cabeça" da família. A luta da mulher por se colocar no mercado de trabalho, no Brasil, teve alguns avanços quando em 1943 foram instituídos os direitos trabalhistas, aí os direitos se igualaram para os homens e para as mulheres. Só que, pela cultura patriarcal, a equivalência salarial, na prática, não existe, até na contemporaneidade. Mesmo assim, as mulheres continuam sendo as responsáveis pelos serviços de casa, "dona de casa" e pelo cuidado dos filhos e familiares. Mas cada vez mais sentem a necessidade de contribuir para a estabilidade econômica da família, ou mesmo pelo desejo de obter realização profissional. Ou mesmo, ainda, para as novas estruturas de família, que muitas vezes é formada de mãe e filho ou mãe e filhos.

No contexto contemporâneo, no campo dos direitos humanos, os direitos da mulher têm adquirido um novo significado. Constantemente lembrada nesses programas a mensagem da Sagrada Escritura, que contém a verdade sobre a dignidade e a vocação, resultado da diversidade específica e originalidade do ser humano – homem, mulher. A carta apostólica *Mulieris Dignitatem* descreve, no § 10d:

> [...] A mulher – em nome da libertação do "domínio" do homem – não pode tender à apropriação das características masculinas, contra a sua própria "originalidade" feminina. Existe o temor fundado de que por este caminho a mulher não se "realizará", mas ao invés, deformar e perder aquilo que constitui a sua riqueza essencial. Trata-se de uma riqueza imensa. Na descrição bíblica, a exclamação do primeiro homem à vista da mulher criada é uma exclamação de admiração e de encanto, que atravessa toda a história do homem sobre a terra.

E no §10e acrescenta:

> Os recursos pessoais da feminilidade certamente não são menores que os recursos da masculinidade, mas são diversos. A mulher, portanto, – como, de resto, também o homem – deve entender a sua "realização" como pessoa, a sua dignidade e vocação em função destes recursos, segundo a riqueza da feminilidade, que ela recebeu no dia da criação e que hera como expressão, que lhe é peculiar, da "imagem e semelhança de Deus" [...].

Biologicamente e fisiologicamente, mulher e homem são diferentes, mas se completam; nem um nem outro é melhor ou maior ou mais forte. A natureza humana é limitada, tanto para a mulher como para o homem. Para este mundo, biologicamente, o ser humano é finito, mas está a caminho de outro estado de vida, ou seja, da vida eterna.

Felipe Aquino (2011, p. 118) diz: "A pessoa mais forte é aquela que, por conhecer e aceitar suas fraquezas, com realismo e tranquilidade, sem desesperos e revoltas, abriga-se permanentemente nos braços e no Coração de Jesus por meio de Maria". Aqui, como na vocação de cada ser humano, pode-se ver a singularidade, homem e mulher, como em Maria de Nazaré, que sintetiza o masculino e feminino.

A vocação que antecede em todo ser humano é ao trabalho. Mas o que é vocação? Vocação vem da palavra latina *vocare*, que quer dizer chamado para algo. A vocação primeira da mulher, até pelo fator biológico, é a maternidade, mas na contemporaneidade a necessidade econômica e social faz com que ela necessite ter outras vocações, que a levam também a suprir suas necessidades, às vezes, de mãe e pai de família. E quando não, na contemporaneidade, ela trabalha em variadas profissões, ganhando espaço em profissões que antes só o sexo masculino exerce. Sobre isso, seja por necessidade financeira ou não, já em 1981, na encíclica em comemoração aos 90 anos da *Rerum Novarum*, o Papa João Paulo II escreve a *Laborem Exercens*, que em seu § 19e diz:

> Reverterá em honra para a sociedade o tornar possível à mãe — sem pôr obstáculos à sua liberdade, sem discriminação psicológica ou prática e sem que ela fique numa situação de desdouro em relação às outras mulheres — cuidar dos seus filhos e dedicar-se à educação deles, segundo as diferentes necessidades da sua idade. *O abandono forçoso* de tais tarefas, por ter de arranjar um trabalho retribuído fora de casa, é algo não correto sob o ponto de vista do bem da sociedade e da família, se isso estiver em contradição ou tornar difíceis tais objetivos primários da missão materna.

O ser mãe é contribuir com a criação e o é por graça de Deus, está na singularidade do ser feminino.

3.3 TEOLOGIA FEMINISTA

A "luta" do ser mulher, para sair da obscuridade, sair do coadjuvante, no sentido de estar em segundo plano, nas decisões do existir, bem como nas questões de direito na igualdade antropológica, no contexto histórico da humanidade, em uma sociedade patriarcal, tendo como centro o gênero masculino – na atualidade, têm acontecido alterações, pois muitas mulheres são quem estão à frente das famílias, o gênero masculino saindo do centro, saindo como "cabeça" da família. Assim, ainda em primeiro plano, o gênero masculino é muito grande, principalmente quando se fala em direitos. O equilíbrio entre o gênero humano feminino e gênero humano masculino será em se igualarem não em competição, querendo ser um melhor de que o outro, pois cada ser humano é um, mas o equilíbrio está em caminharem juntos.

Nos Estados Unidos, a partir do século XIX, um grupo de mulheres iniciou grupo de estudo da Palavra de Deus – a Bíblia –, liderado por Elizabeth Cady Stanton. No decorrer dos estudos, Stanton percebeu que a Bíblia era patriarcal, contra a emancipação da mulher; desse movimento, aconteceu a revisão da interpretação da Bíblia, foi elaborada a Bíblia da Mulher (em duas partes, 1885 e 1898). A Bíblia da Mulher contribuiu para, em 1970, o surgimento da Teologia Feminista.

Em 1949, Simone de Beauvoir, francesa, precursora do feminismo, existencialista, escritora, publicou *O Segundo Sexo*. A obra alcançou repercussão internacional e marcou toda uma geração interessada nas questões ligadas à opressão feminina em busca da independência da mulher diante da sociedade. Nessa obra, Beauvoir apresenta importantes reflexões sobre o existencialismo e o contexto social da época – que trata de maneira desigual os papéis do homem e da mulher. Com essa obra, tem início a segunda fase do movimento feminista, Beauvoir escreve na obra: "Ninguém nasce mulher, torna-se mulher"

– quer dizer com essa frase a depreciação que as mulheres representavam, ou representam para os homens – em uma sociedade patriarcal e machista. "Nascia daí a antropologia da igualdade (na diferença) entre os sexos/gêneros, ou ainda da equivalência (segundo a formula de Kari Borresen), elaborada pela filosofia e pela teologia feminista, a partir dos anos 1960" (GIBELLINI, 2012, p. 554). Beauvoir, impulsionada pela revolução sexual (facilitada pela pílula anticoncepcional), nessa segunda fase do feminismo, tem como fonte inspiradora o marxismo – que defende a luta de classes, dos mais fortes e os mais fracos, dos opressores e oprimidos. Aqui a mulher é a oprimida, é a mais fraca. Quem colocou a base do marxismo ao feminismo foi Frederick Engels. O feminismo do gênero coloca a mulher como oprimida e o homem como o opressor, esse fato visto pela história sob o ângulo neomarxista; em que também o matrimônio monógamo é o resumo e entoação da força patriarcal.

O feminismo do gênero foi apresentado pela primeira vez por Elisabeth Schussler Fiorenza, que é uma das principais teólogas e biblistas feministas em nível internacional, romena, de família alemã. Depois da Segunda Guerra Mundial, criou-se na Alemanha; foi uma das primeiras mulheres católicas a se formar em teologia, doutorando-se na área da Bíblia. Ao longo de sua vida, Fiorenza desenvolveu uma abrangente metodologia de interpretação bíblica feminista crítica e libertadora. Fiorenza coloca que toda diferença é entendida como sinônimo de desigualdade e é preciso acabar com ela e "ir à luta". Fiorenza mora, atualmente, nos Estados Unidos, onde o feminismo de gênero agregou inúmeros adeptos.

"Nos anos 1980, a antropologia feminista da igualdade vai se contrapondo à antropologia da diferença com a obra da psicóloga norte-americana Carol Gilligan" (GIBELLINI, 2012, p. 554). Com Virginia Woolf, o modelo da igualdade de pensamento da diferença sexual, ou pensamento feminino, passa da lógica do "Um à lógica do Dual" (GIBELLINI, 2012, p. 555); ou seja, o gênero masculino engloba o feminino, de onde se origina a dualidade; em que, da hermenêutica feminina da diferença, Woolf faz uma releitura que leva da história centrada no homem à fragilizada historicidade dos seres humanos.

Rosino Gibellini, em seu livro *A teologia do século XX*, afirma que a teologia italiana de Luisa Muraro, que é filósofa,

> [...] propõe uma teologia que vem da experiência e meia experiência, interpretando as escrituras místicas femininas e exprimindo-se em língua materna, como retomada da linguagem originária para falar de si e do mundo depois das ruínas da linguagem da modernidade. Para esse pensamento feminino deve-se falar de contingência de Deus, porque pode não ser, mas "ocorrer" na experiência do amor, da alegria de viver, da felicidade. (2012, p. 555)

Lace Irigaray, filósofa, francesa, não aceita a cultura da igualdade. Interroga Irigaray: "Iguais a quem? O que significa igual, no que se refere à religião? Como uma mulher pode ser igual a um outro, quando ele é um outro sexo?" Para Irigaray, os sexos são diferentes, mas na sua diferença são iguais ao divino. Rosemary Radford Ruether, nascida em 1936, é uma estudiosa feminista americana e teóloga católica;

> [...] com a documentada obra Mulheres e redenção (1998), reconstruiu uma história teológica do feminismo cristão, que parte do primeiro movimento de Jesus para chegar à teologia feminista do século XX, ampliando-se às teologias feminista na América Latinam na África e na Ásia. (GIBELLINI, 2012, p. 557)

Assim se faz a história da Teologia Feminista, ainda mais como filosofia do que, na verdade, como teologia.

Para Rosino Gibellini, a teologia feminista faz um discurso desconstrutivo de estruturas patriarcais:

> O pensamento feminino, porém, move-se apenas no terreno filosófico e não propriamente teo-

> lógico: fala de Deus como nome que mentem aberto o horizonte linguístico e assim interrompe o pensamento masculino totalizador (Muraro); ou como nome, que permite à mulher encontrar o divino em si, na sua diferença originária e Irredutivel (Irigaray). (2012, p. 556)

No Brasil, a primeira mulher feminista, e que luta pela educação das meninas, foi a professora Nísia Floresta Augusta, que nasceu em 12 de outubro de 1810 e morreu em 1885. Aos 22 anos, escreveu seu primeiro livro: *Direito das mulheres e injustiça dos homens*. Aos 28 anos – 1838 –, quando reinava no Brasil D. Pedro II, abriu a primeira escola para meninas: no primeiro momento, as estudantes aprendiam a costurar e bordar; em seguida, começou a ensinar gramática, literatura, matemática, músicas e danças às meninas. Durante sua vida, defendeu os direitos das mulheres, dos índios e dos escravos. Morou na Europa. Teve forte ingerência do filósofo Augusto Comte, pai do positivismo. Para Nísia Floresta, as mulheres eram importantes figuras sociais, portadoras de uma identidade fundamental para toda a sociedade.

Também no Brasil, Ivone Gebara, religiosa, doutora em Filosofia e Ciências Religiosas. Ela é uma das pioneiras da Teologia Feminista brasileira. Participou intensamente, ao lado de Dom Hélder Câmara, da organização das Comunidades Eclesiais de Base e da elaboração da Teologia da Libertação. Para Gebara, no centro da reflexão das teologias feministas está uma intencionalidade de base que se expressa na afirmação da dignidade feminina a partir de múltiplas formas. Gebara diz em entrevista concedida a Débora Britto, da revista *Bravas*, e em resposta à pergunta: "O que é a teologia feminista e, nos dias de hoje, o que a teologia feminista pode trazer para o movimento feminista neste contexto de avanço do fundamentalismo, muito vinculado à figura de Jair Bolsonaro, e tendo as religiões neopentecostais evangélicas também como expoentes?"

> Eu militei por muito tempo na Teologia da Libertação e ela não denunciava isso, e eu não percebia enquanto não me aproximei do feminismo. O que a Teologia Feminista faz é mostrar que aquilo que a Teologia oficial, digamos patriarcal, chama de Deus, de Ordem, de Natureza são construções e construções que são marcadas por poderes. Um poder de homens sobre homens, mas um poder de homens sobre mulheres, poderes hierárquicos, poderes de raças, por exemplo, etnias brancas contra negras. (2019, 1ª pergunta).

Ivone Gebara é um nome em destaque na "luta" pela igualdade social e cultural do ser mulher.

Para compreender a singularidade masculina e feminina do ser humano na teologia feminista, em que se vê que o ser humano é único e tem em si a singularidade de ser único e irrepetível, não só para cristãos, mas para a humanidade; a realidade, em nossa atualidade, mostra a grande desigualdade entre o homem e a mulher, quando se refere aos direitos humanos. Na teologia, temos já no "principio" o mistério do pecado e todas a suas consequências, causando a ruptura unitiva – homem e mulher – da segunda narrativa da criação: Deus "disse à mulher: 'Multiplicarei os sofrimentos de teu parto; darás à luz com dores, teus desejos te impelirão para o teu marido e tu estarás sob o seu domínio'" (Gn 3, 16), assim causando para a mulher uma perda no sentido de ser dominada pelo homem. Hoje, na luta por se igualar ao homem, os fatos históricos mostram que muitas mulheres chegam ao extremo de se masculinizarem, abandonando, assim, a sua essência feminina, sua essência de ser mulher.

Ao falar em movimento feminista, é preciso falar sobre o ecofeminismo, que é um movimento dentro do movimento feminista, que relaciona natureza, mulher e ciência. Provavelmente, o termo ecofeminismo surgiu em 1974, sendo o termo usado por Françoise d'Euabonne. O fundamento deste movimento é que todos os seres vivos têm valor; mas para isso é preciso destruir os valores patriarcais que dominam a sociedade com a união de grupos oprimidos e assim podendo modificar a organização hierárquica social, criando uma sociedade mais inclusiva. Um nome em destaque neste movimento é Vandana Shiva que é, Ph.D. em Filosofia, ativista pelo meio ambiente e ecofeminista declarada.

Edith Stein abrange a compreensão e a diferença entre masculino e feminino a partir de uma questão mais ontológica do que social ou cultural, ou seja, as diferenças estão do ser enquanto ser e no que se refere aos direitos humanos. Quanto à natureza humana, o gênero feminino não precisa se igualar ao gênero masculino, pois são de natureza diferentes. Ninguém é igual a ninguém, somos únicos, nesse sentido, basta a mulher ser ela mesma, ou seja, valorizar quem ela é, valorizar a sua missão e o seu ser humano – em quem está a singularidade do feminino e do masculino. Destacam-se as implicações fenomenológicas enquanto universo não apenas religioso, mas também antropológico, ontológico, científico, pastoral e social que perscruta a compreensão das profundezas do ser feminino no ensejo de uma humanidade mais humana e humanizante.

A Teologia Feminista nasce da opressão social e emocional em um contexto cultural no qual o gênero masculino é o centro. A história mostra a luta do gênero feminino para se igualar ao masculino. Mas o que significa igual, no que se refere à religião? Como uma mulher pode ser igual a um outro, quando ele é um outro sexo?" Todos os seres humanos foram criados por Deus com liberdade e dignidade independentemente do gênero masculino ou feminino.

Com isso, as mulheres devem lutar sim pela igualdade de direitos e não pela igualdade de gênero. Usando Edith Stein, somos singulares homem e mulher, quando a mulher quer se igualar em gênero. ela perde sua singularidade de ser mulher, e quando o homem quer se igualar em gênero, perde sua singularidade de ser homem.

3.4 O SER MULHER E AS SUAS DORES

São Paulo, em sua carta aos Gálatas, diz: "Quando, porém, chegou a plenitude do tempo, enviou Deus o seu Filho, nascido de mulher, nascido sob a Lei, para resgatar os que estavam sob a Lei, a fim de que recebêssemos a adoção filial" (Gl 4, 4-45), sempre tendo Deus em vista a salvação de toda a humanidade. O evangelista Lucas narra duas anunciações em Israel: uma no Templo em Jerusalém, no lugar mais sagrado para os judeus, no ato mais importante do rito no "santo dos santos" (Lc 1, 8-22), para Zacarias, um sacerdote do Templo: o nascimento de João Batista; o outro em Nazaré, na Galileia (Lc 1, 26-38), para Maria, uma leiga: o nascimento de Jesus.

Maria a "Filha de Sião". Nazaré, cidade da Galileia, Israel. Maria de Nazaré, adolescente, descendente do Povo Hebreu, prometida em casamento para com José, provavelmente também um adolescente; homem justo (a justiça na Bíblia é o resultado de todas as virtudes), foi escolhido por Deus para ser o pai adotivo de seu Filho. Filipe Aquino (2014, p. 18) diz: "São José atingiu a mais alta dignidade a que um homem pode ser elevado, a do pai legal do Filho de Deus [...]". Duas pessoas do Povo de Deus, dois leigos. João Carlos Almeida (2019, p. 15) escreve: "Ser leigo significa, em primeiro lugar, ser parte do povo escolhido de Deus. Um povo que no AT, o Povo de Israel e que, no NT por meio da ação salvífica de Jesus, se tornou a Igreja, o novo 'Israel de Deus' (Gl 6,16)". Diz ainda: "[...] em Nazaré da Galileia, uma jovem mulher do povo, prometida em matrimonio, durante suas atividades quotidianas, no ambiente da vida diária" (ALMEIDA, 2017, p. 17).

Algumas características da personalidade de Maria: foi a primeira que teve fé; testemunha o valor de uma existência humilde e escondida; o valor de uma vida pura (do coração e da carne) e repleta de amor e ternura para com todo ser humano; viveu o valor do silêncio. São João Paulo II, em sua catequese do dia 25 de novembro de 1995 sobre a Virgem Maria, diz:

> Perante o cinismo duma certa cultura contemporânea que, muitas vezes, parece não reconhecer o valor da castidade e banaliza a sexualidade, separando-a da dignidade da pessoa e do projeto de Deus, a Virgem Maria propõe o testemunho duma pureza que ilumina a consciência e conduz a um amor maior pelas criaturas e pelo Senhor. (JOÃO PAULO II, 2014, p. 31)

E ainda:

> [...] aos cristãos de todos os tempos, Maria mostra-se como aquela que prova uma viva compaixão pelos sofrimentos da humanidade. Essa compaixão não consiste somente numa participação efetiva, mas traduz-se numa ajuda eficaz e concreta diante das misérias materiais e morais da humanidade. (JOÃO PAULO II, 2014, p. 31)

E, na catequese do dia 2 de dezembro de 1995, sobre a Virgem Maria, São João Paulo II acrescenta: "Maria reafirma o sentido sublime da beleza feminina, dom e reflexo da beleza de Deus" (JOÃO PAULO II, 2014, p. 36). Essa beleza está refletida no caminhar de cada ser humano, com suas alegrias e dores, em seu sentido de existir.

Na apresentação do Menino Jesus no Templo, Simeão, após abençoá-los, disse a Maria: "Eis que este menino está destinado a ser uma causa de queda e de soerguimento para muitos homens em Israel, e a ser um sinal que provocará contradições, a fim de serem revelados os pensamentos de muitos corações. E uma espada transpassará a tua alma" (Lc 2, 34b-35). Das sete dores de Maria, que a Igreja apresenta, essa foi a primeira dor de Maria de Nazaré, foi uma dor moral, na qual, a partir desse dia, padecia cada vez que olhava para Jesus, e também em cada gozo uma forte amargura. Para toda mãe, quando a sua criança adoece, pequenino, indefeso, quanta dor, angústia, incerteza pela vida do filho. A segunda é a dor fuga, a incerteza do exílio no Egito, com José e o Menino, quando da perseguição do poderoso Herodes; Maria foge do mal, assim, a exemplo dela, todo ser humano deveria fazer o mesmo. Para uma mãe, quanta dor, ter que se esconder; muitas vezes, fugir da própria casa, pois o marido é alcoólatra, dependente químico, e a está perseguindo, ao filho, ou aos filhos. A terceira dor é a perda do Menino Jesus, em Jerusalém, após reencontrá-Lo, mostra-lhe toda a sua aflição. Felipe Aquino (2011, p. 153) diz: "Essa aflição de Maria nos ensina a buscar a Cristo, sem descanso, sempre que o perdermos pelo pecado". Para a mãe, quanta dor quando ela "perde" o filho, a filha para as drogas. A quarta dor, a tortura que sofre com a Paixão de Jesus. Felipe Aquino (2011, p. 154) diz: "Além de sua fortaleza sobrenatural, Maria mostra sua grande humildade pela qual venceu toda a soberba". Para uma mãe, quanta dor ao ver seu filho sofrendo sob o peso dos escárnios de uma sociedade hipócrita, que incentiva os jovens ao uso do álcool e depois despreza o ser humano, que se torna dependente dos vícios, que os desfigura, assim como Jesus, escarniado, humilhado e desprezado.

A quinta dor de Maria é ver seu Filho amado, crucificado. Felipe Aquino (2011, p. 154) diz: "É o golpe mais cruel e mais profundo da espada predita por Simeão [...] Maria assiste a todo o requinte da malvadeza humana contra Jesus [...]". Na sexta dor, a Mãe recebe Jesus Cristo em seus braços. Felipe Aquino (2011, p. 155) diz: "[...] o preço de nossa salvação que Maria contemplava agora em seus braços: um farrapo humano, destruído inteiramente, por amor a seus irmãos homens, o homem das dores". E a sétima dor foi deixar Jesus, seu Filho, no túmulo. Felipe Aquino (2011, p. 155) diz: "Nessa dor ela não desesperou não se revoltou, perdoou os carrascos do seu Filho e aceitou submissa e obediente a vontade de Deus, [...]". Para a mãe, quanta dor ao ver seu filho desfalecido, morto para este mundo; muitas vezes, de forma trágica. "A lei natural é o filho enterrar os pais, não o contrário", tanto que quando os filhos enterram os pais, estes ficam órfãos, e quando os pais enterram os filhos, não se tem "nome", a dor de uma mãe, um pai, por enterrar o filho não tem "nome", tem sim a dor.

O Concílio da Amazônia, no item c, do Capítulo V, em seu documento final, trata da "presença e vez da mulher". Fala da importância da vocação da mulher na transmissão da fé na Amazônia, bem como "amplia o papel ativo na comunidade eclesial" (§ 99). Sobre o sofrimento da mulher contemporânea, o Concílio da Amazônia, no § 101, diz:

> A sabedoria dos povos ancestrais afirma que a mãe terra tem rosto feminino. No mundo indígena e ocidental, as mulheres são aquelas que trabalham em múltiplas facetas, na instrução dos filhos, na transmissão da fé e do Evangelho, são testemunhas e presença responsável na promoção humana, por isso se pede que a voz das mulheres seja ouvida, que elas sejam consultadas e participem das decisões e, assim, possam contribuir com sua sensibilidade à sinodalidade eclesial. Valorizamos a função da mulher, reconhecendo seu papel fundamental na formação e continuidade das culturas, na espiritualidade, nas comunidades e nas famílias. É necessário que a Igreja assuma em seu seio com maior força a liderança das mulheres, e que as reconheça e promova, fortalecendo sua participação nos conselhos pastorais das paróquias e dioceses, inclusive nas instâncias de governo.

O ser humano precisa compreender que de Deus nada de ruim vem, pois Ele é puro amor. "Caríssimos, amemo-nos uns aos outros, porque o amor vem de Deus, e todo o que ama é nascido de Deus e conhece a Deus. Aquele que não ama não conhece a Deus, porque Deus é amor" (I Jo 4, 7-8). Deus é amor, de quem é do puro amor nada, nada, de ruim vem; nem mesmo O Amor poderia permitir qualquer coisa de mal; a permissão do mal não vem de Deus, e sim do mistério do pecado, partindo daí das decisões, livres escolhidas por cada um, do livre arbítrio – das decisões errada – é que vem o mal, não de Deus. Mas Deus é um especialista em transformar coisas ruins em coisas boas e, assim, o ser humano, criado à imagem e semelhança de Deus, pode e deve também conseguir ressignificar sua dor.

A carta de São Paulo aos Romanos diz que: "Pois sabemos que a criação geme e sofre as dores de parto até o presente" (Rm 8, 22). Jesus permitiu a si próprio, por amor, sofrer por cada ser humano para a remissão de seus pecados. O ser humano, a exemplo de Jesus Cristo e Maria, deveriam ressignificar suas dores e sofrimentos, dando assim uma nova singularidade no sentido da própria dor, e até no próprio sentido do existir.

3.5 O DOM DA ESPOSA

Na segunda narração da criação do gênero humano, homem e mulher, está o fundamento da unidade e de toda a dignidade da humanidade que foi corrompida com o pecado. O *Mulieris Dignitatem*, §10, diz da dignidade – homem e mulher: "[...] Daqui se origina a relação de 'comunhão', na qual se exprimem a 'unidade dos dois' e a dignidade pessoal tanto do homem como da mulher. [...]". Há uma música do Pe. Fábio de Melo que fala do olhar misericordioso de Jesus; a letra diz assim:

> Eu fico tentando compreender o que nos teus olhos pode ver aquela mulher na multidão, que já condenada acreditou que ainda havia o que fazer, que ainda restava algum valor, e ao se prender em teu olhar, por certo haveria de vencer, e assim fizeste a vida retornar aos olhos dela e quem antes condenava se percebe pecador [...].

Os Evangelistas, com a preocupação de apresentarem a Pessoa de Jesus, deixam claro o olhar Dele para com todo ser humano, em especial para com as mulheres, que lhes devolve toda a dignidade de filhas amadas do Pai, Deus, que no Filho encarnado mostra Sua face misericordiosa. A passagem em que fica evidente toda sua a misericórdia está na "pecadora pega em adultério" (Jo 8, 1-11). Se há uma pecadora, também há um pecador. Com isso, Ele mostra a unicidade do ser humano

– homem, mulher –, a unicidade no dom e corresponsabilidade da humanidade. Jesus olha o ser humano com o olhar de misericórdia, quer dizer, perscruta os corações. O olhar de misericórdia de Jesus é reflexo do Pai, é um olhar de quem não busca a perfeição e sim a necessidade, a limitação e fragilidade de cada um, o contexto em que o ser humano está vivendo, para Ele, o importante é o ser humano, se este está "perdido", sem sentido de vida, Nele, o ser humano se encontra e o quer cada um, cada uma, em vida plena, quer o ser humano feliz, foi para isso que os criou, para a felicidade.

Por falar em felicidade, é o que busca todo ser humano quando busca cumprir sua vocação ao matrimônio. Para isso, o documento apostólico *Mulieris Dignitatem*, §10b, diz: "[...]. A união matrimonial exige o respeito e o aperfeiçoamento da verdadeira subjetividade pessoal dos dois. A mulher não pode tornar-se 'objeto' de 'domínio' e de 'posse' do homem". Cada ser humano é único, a nenhum cabe subjugar o outro, a singularidade do existir está em cada ser humano, a igualdade de direito está para os dois gêneros – mulher e homem. Um auxiliando ao outro para o crescimento individual e unitivo, compreensivo na fragilidade do outro, e motivador(a), incentivador(a), parceiro(a) e cúmplice nas conquistas individuais, e amor a mola propulsora do matrimônio. "Ao amor entre homem e mulher, que não nasce da inteligência e da vontade, mas de certa forma impõe-se ao ser humano, a Grécia antiga deu o nome de *eros*. [...]" (BENTO XVI, Deus Caritas Est, § 3). E mais:

> Dois dados resultam claramente desta rápida visão a concepção do *eros* na história da atualidade. O primeiro é que entre o amor e o Divino existe qualquer relação: o amor promete infinito, eternidade – uma realidade maior e totalmente diferente do dia-a-dia de nossa existência. O segundo é que o caminho para tal meta não consiste em deixar-se simplesmente subjugar pelo instinto. [...] O homem torna-se realmente ele mesmo quando corpo e alma se encontram

> em íntima unidade; o desafio do *eros* pode considerar-se verdadeiramente superado quando se consegue essa unificação. Se o homem aspira ser somente espírito e quer rejeitar a carne como uma herança apenas animalesca, então espírito e corpo perdem sua dignidade [...]. (BENTO XVI, Deus Caritas Est §5)

A semântica da palavra amor remete a um grande significado e sentidos: amor ao trabalho, amor aos filhos, amor aos estudos, enfim, muitas formas de amar. Para os gregos, a palavra amor tem três significados, sentidos, forma de dizer: o amor Ágape – amor incondicional, amor de Deus por seus filhos –; amor *Eros* – na mitologia grega, é o deus do amor, do erotismo –, e amor *Philia* – amor entre irmãos, entre amigos, a relação de Jesus com os discípulos. A harmonia entre o amor *eros* e o amor ágape é o que faz a integração da sexualidade humana; o equilíbrio entre o *eros* e ágape é o que constitui a sexualidade humana, que não torna em transtornos ou patologias sexuais. Assim, a moral cristã busca a felicidade do ser humano – o ser humano integral, que está em equilíbrio com si, com Deus e com o próximo e; a moral social busca a pessoa ajustada à sociedade, não permitindo que a pessoa cresça como ser humano – culpa, julga e pune.

Jesus contemporâneo de sua época sempre se coloca ao lado dos fracos, o *Mulieris Dignitatem*, § 12b, diz: "Admite-se universalmente – [...] – que Cristo se constituiu, perante os seus contemporâneos, promotor da verdadeira dignidade da mulher e da vocação correspondente a tal dignidade". No debate sobre o matrimônio, na narração de Mateus, os fariseus, que eram conhecedores da Lei Mosaica, querendo eles pôr Jesus a prova, perguntaram: "É lícito repudiar a própria mulher por qualquer motivo?" (Mt 19, 3). Jesus, conhecedor da mesma Lei e também conhecedor do Alcorão, usa para responder aos fariseus:

> Não lestes que desde o princípio o Criador os fez homem e mulher? E que disse: Por isso o homem

> deixará pai e mãe e se unirá à sua mulher e os dois serão uma só carne? De modo que já não são dois, mas uma só carne. Portanto, o que Deus uniu, o homem não deve separar" (Mt 19, 4-5)

O *Mulieris Dignitatem*, § 12c, acrescenta: "[...]. A questão colocada é a do direito 'masculino' de 'repudiar' a própria mulher por qualquer motivo; e, portanto, também do direito da mulher, da sua justa posição no matrimônio". Ainda do *Mulieris Dignitatem*, no § 29a, o vínculo entre o Esposo e a Esposa: "Ele une a verdade sobre o matrimonio como sacramento primordial com a criação do homem e da mulher à imagem e semelhança de Deus", e no § 25a:

> [...]. Se o amor de Deus para com o homem, para com o povo escolhido de Israel, é apresentado pelos profetas como o amor do esposo pela esposa, tal analogia exprime a qualidade 'esponsal' e o caráter divino e não-humano do amor de Deus: 'O teu esposo é o teu Criador... que se chama Deus de toda a terra'. (Is 54, 5)

Se o matrimônio os faz – homem e mulher – "uma só carne", não pode haver desequilíbrio, competição, em uma só carne; cada um em sua subjetividade, cada um em sua singularidade, mas uma só carne.

O ato unitivo, homem e mulher, garante a dignidade do matrimônio, a dignidade da procriação, ordenada por Deus, aos seres humanos. O Catecismo da Igreja Católica, em seu § 372, diz: "O homem e a mulher são feitos 'um para o outro': não que Deus os tivesse feito apenas 'pela metade' e 'incompletos', criou-os para uma comunhão de pessoas, na qual um dos dois pode ser 'ajuda' para o outro [...]".

O matrimônio "completo" se dá quando o ser humano se vê como um inteiro, pronto para se unir ao outro inteiro. Há um ditado popular que diz: "quero encontrar minha outra metade!"

Para o ser humano ser completo, não pode ser a "outra metade" e sim o outro inteiro; ali está a verdadeira felicidade, o encontro de dois inteiros. E nisso está o sacramento do matrimônio, que é a entrega total dos cônjuges. Ou seja, é o consentimento matrimonial, um ato de vontade entre os cônjuges.

O sacramento matrimonial tem três dimensões: o bem dos cônjuges; a colaboração na obra do Criador, e a santificação ou salvação dos cônjuges. Do bem dos cônjuges e da colaboração na obra do Criador, o Catecismo da Igreja Católica no § 1660 assim descreve:

> O pacto matrimonial, pelo qual um homem e uma mulher constituem entre si uma íntima comunidade de vida e de amor, foi fundado e dotado de suas leis próprias pelo Criador. Por sua natureza, é ordenado ao bem dos cônjuges, como também à geração e educação dos filhos. Entre os batizados, foi elevado, por Cristo, à dignidade de sacramento.

O bem dos cônjuges quer dizer que o matrimônio leva a plenitude do casal; é o cuidado, é o querer bem, é mais do que paixão, é a vida comum que leva ao crescimento dos cônjuges, um auxiliando ao outro, também no prazer sexual, o qual faz parte do matrimônio, e o é para a felicidade dos cônjuges.

Quanto à santificação dos cônjuges, o documento *Amoris Laetitia*, no § 74, fala assim: "Vivida de modo humano e santificada pelo sacramento, a união sexual é por sua vez, caminho de crescimento na vida da graça para os esposos". Descreve assim o "mistério nupcial". Quando um ser humano olha para o outro não como um objeto de prazer, um ser descartável, e sim olha o outro com a dignidade que lhe é própria, o "mistério nupcial" que acontece no ato sexual faz com que a união perpétua conjugal aconteça. O ato sexual não é algo sujo como a humanidade propõe, é sim algo criado por Deus; e Deus viu que tudo era bom. A carta apostólica *Mulieris Dignitatem*, no § 29b, diz:

> O chamamento da mulher à existência junto ao homem ("um auxiliar que lhe seja semelhante": cf. Gn 2, 18) na "unidade dos dois" oferece, no mundo visível das criaturas, condições particulares a fim de que "o amor de Deus seja derramado nos corações" dos seres criado à sua imagem. [...]

O matrimônio é um caminho para a santificação, quando o casal vive a castidade; tem-se a ideia de que ser casto é não ter vida sexual, e não é isso, viver a castidade é ser primeiro fiel a si próprio, valorizando seu corpo, que é sacrário do Espírito Santo, não permitindo que o outro faça do corpo um objeto de prazer. O ser humano não é um objeto, é sim humano, e se é humano, é provido de liberdade, dignidade e razão – se fosse um objeto, o objeto pode ser descartável, não tem valor em si mesmo. A castidade não é só para religiosos, religiosas, solteiras, solteiros, celibatários; a castidade é um caminho de santificação também para o matrimônio.

A vocação do ser humano é a do matrimônio. O Catecismo da Igreja Católica diz em seu § 1602: "A sagrada Escritura abre-se com a criação do homem e da mulher à imagem e semelhança de Deus se, fecha-se com a visão das 'núpcias do Cordeiro' [...]". E no § 1603, diz: "A vocação para o Matrimônio está inscrita na própria natureza do homem e da mulher, conforme saíram da mão do Criador. [...]". O casamento não é para ser só um ato externo, social, nele, os cônjuges se entregam de forma consciente e livremente ao compromisso mútuo. O documento *Amoris Laetitia*, em seu § 71, diz: "[...] Jesus, que reconciliou tudo em si, redimiu o homem do pecado, não só restituiu o matrimonio e a família à sua forma original, mas também elevou o matrimonio como sinal sacramental de seu amor pela Igreja [...]". E ainda: na família humana, reunida em Cristo, é restituída a imagem e semelhança da Santíssima Trindade (cf. Gn 1,26), "mistério do qual brota todo o amor verdadeiro [...]". Portanto, a vocação ao matrimônio na natureza humana, a vocação ao amor, é o reflexo da imagem e semelhança da natureza Divina, a vocação suprema à vida.

3.6 AS DUAS DIMENSÕES DA VOCAÇÃO DA MULHER

As duas dimensões que formam a personalidade da mulher são: a virgindade e a maternidade. O *Mulieris Dignitatem*, § 17, diz: "[...]. Estas duas dimensões da vocação feminina encontram-se nela – Maria Mãe do Filho de Deus – e conjugaram-se de modo tão excepcional que, sem se excluírem, se completaram admiravelmente. [...]". Já na Anunciação ela diz ao anjo: "Como se realizará isso, pois eu não conheço homem?" (Lc 1, 31-34). Sim, a Igreja nos ensina que Maria de Nazaré é "sempre virgem". No Catecismo da Igreja Católica, § 499, diz: "O aprofundamento de sua fé na virgindade real e perpétua de Maria, mesmo no parto do Filho de Deus feito homem". Já na Idade Média, havia uma quadrinha que Clodovis Boff transcreve: "No seio da Virgem mãe Encarnou divina graça: Entrou e saiu por ela Como o sol pela vidraça" (BOFF, 2010, p. 27). Essa quadrinha auxilia na compreensão, como "sempre virgem"? Antes e depois do parto? Sim, antes e depois do parto: ela concebeu pela ação do Espírito Santo, e mesmo depois do parto continuou sendo virgem; ou seja, assim como a luz do sol passa por o vidro e não o quebra.

Falar de virgindade no contexto contemporâneo é motivo até de chacota e de risos; mas há os que querem viver de modo radical o Evangelho – homens e mulheres igualmente o querem –, que significa viver exclusivamente para Deus, e por Deus vê-Lo no próximo, ou seja, vivendo as virtudes da obediência, pobreza e da castidade. Muitas mulheres, mesmo que não pertencentes à ordem religiosa, ou consagrada, mantêm-se castas, na virgindade, por própria opção, e por valorizar seu corpo, no sentido de não ter relacionamentos que visam só ao sexo, privando-se, assim, de serem usadas como objeto, objeto sexual. O *Mulieris Dignitatem* coloca no § 20e: "Na virgindade livremente escolhida, a mulher confirma-se como pessoa, isto é, como criatura que o Criador desde o início quis por si mesma". Ainda no documento *Muliereis Dignitatem*, no § 20f, diz:

> A natural disposição esponsal da personalidade feminina encontra uma resposta na virgindade assim compreendida. A mulher, chamada desde o "principio" a amar e a ser amada, encontra a vocação à virgindade, antes de tudo o Cristo como o Redentor que "amou até o fim" por um dom total de si mesmo, e ela responde a esse dom por um "dom sincero" de toda a sua vida. Ela se doa, pois, ao Esposo divino, e esta sua doação pessoal tende à união, que tem um caráter propriamente espiritual: mediante a ação do Espírito Santo torna-se "um só espírito" com Cristo-esposo (cf. 1Cor 6, 17).

A virgindade é um caminho de santificação para muitas mulheres.

Deus, na sua infinita sabedoria, fez do ser humano, homem e mulher, coparticipante de sua criação. A cada novo ser que nasce, é vida que renasce. Na unidade está a criação, estão as criaturas. A Trindade transborda de amor e cria o ser humano à sua imagem e semelhança, e assim a vida se faz. E a Trindade não vive mais para Si, mas para sua criação, sempre a conduzindo para Si. Fazendo um paralelo, esse é o dom da maternidade: participar da criação, gerando nova vida e conduzindo-a para o bem. O ditado popular é que: "o amor incondicional de Deus pelo ser humano só pode ser ligeiramente comparado ao amor de mãe". As dores do parto são esquecidas com a felicidade de ter uma criança em seus braços. Depois, sentir a fragilidade, a dependência desse novo ser; amamentá-lo, educá-lo, vê-lo(a) crescer...

O contexto da atualidade, em muito, toma o ser humano em uma inversão muito grande de valores, em que ter um animalzinho de estimação é mais importante de que uma criança. Assim, o ser humano acaba sendo secundário, o relacionamento entre os seres humanos se torna uma guerra de egos, transferindo-se o amor ao próximo, aos animaizinhos, não que eles não devam ser amados e respeitados, sim, devem ser, mas... Jesus Cristo sempre priorizou o ser humano, dando-lhe a dignidade perdida: "E dizia-lhes: 'O sábado foi feito para o homem, e não o homem para o sábado; e para dizer tudo, o Filho do homem é senhor também do sábado'" (Mc 3, 27-28). E o ser humano, em Jesus Cristo, é por adoção filho de Deus: "Tenho para mim que os sofrimentos da presente vida não têm proporção alguma com a glória futura que nos deve ser manifestada. Por isso, a criação aguarda ansiosamente a manifestação dos filhos de Deus" (Rm 8, 18-19). Gerar um filho é gerar vida, é ser coparticipante da criação. Mas quem é amado é chamado a responder a esse amor, e a resposta ao amor de Deus é o chamado para a responsabilidade nessa cocriação, é cuidando de sua criação, de seu ser gerado em suas entranhas, que a mulher é chamada à sua vocação de ser mãe.

A constituição fisiológica feminina é o que define uma de suas vocações: a de ser mãe. Assim como a constituição fisiológica masculina é a de ser pai. A família constitui a base sólida da sociedade. Deus lhes disse: "Crescei e multiplicai-vos, enchei a terra e submetei-a" (Gn 1,28). Em *Evangelium Vitae*, no § 37, diz: "A vida que o Filho de Deus veio dar aos homens, não se reduz meramente à existência no tempo. A vida, que desde sempre está 'nele' e constitui a 'luz dos homens' (Jo 1,4), consiste em ser gerados por Deus e participar na plenitude do seu amor: [...]". Isso quer dizer que Deus sonhou com cada ser humano gerado no ventre de uma mulher; Ele o desejou desde sempre com cada um e cada uma. Ali está a singularidade de cada vida gerada, está no amor de Deus por cada e todo ser humano, conclui-se, assim, que nenhum ser humano é gerado por acaso, e sim desejado por Deus desde sempre.

Fazendo uma breve pesquisa sobre os métodos contraceptivos, a ideia de controle da natalidade já vem desde antes de Cristo. E, na atualidade, desde o século XVIII, em que surgiram os primeiros preservativos, de onde também teve origem a "cultura de morte": a qual diz que no mundo existem muitos seres humanos e que o mundo não suporta tal quantidade de pessoas; com isso, tiveram origem muitas ideologias que atingem especificamente a mulher. A "cultura de morte" é uma nova ordem social imposta. E, com isso, a família e a sociedade mundial têm sido manipuladas. O Papa João Paulo II escreveu a Carta Encíclica *Evangelium Vitae*, nesse sentido da cultura atual, da cultura de morte, que por vários anos vem agindo, no § 4, escreve:

> Infelizmente, este panorama inquietante, longe de diminuir, tem vindo a dilatar-se: com as perspectivas abertas pelo progresso científico e tecnológico, nascem outras formas de atentados à dignidade do ser humano, enquanto se delineia e consolida uma nova situação cultural que dá aos crimes contra a vida um aspecto inédito e – se é possível – ainda mais iníquo, suscitando novas e graves preocupações: amplos setores da opinião pública justificam alguns crimes contra a vida em nome dos direitos da liberdade individual e, sobre tal pressuposto, pretendem não só a sua impunidade, mas ainda a própria autorização da parte do Estado para os praticar com absoluta liberdade e, mais, com a colaboração gratuita dos Serviços de Saúde.

Aqui entra um tema espinhoso, o aborto. O Catecismo da Igreja Católica, em seu § 2270, diz: "A vida humana deve ser protegida de maneira absoluta a partir do momento de concepção. Desde o primeiro momento de sua existência, o ser humano deve ver reconhecidos os seus direitos de pessoa, entre os quais o direito inviolável de todo ser inocente à vida". A ideologia feminista diz que a mulher tem o direito de fazer o que quer com o seu corpo, e tem sim esse direito; mas quando está gerando outro ser, outra pessoa, em seu corpo, esse outro corpo não é mais seu corpo e sim outro corpo, é outra pessoa, assim sendo, esse outro ser tem o direito inviolável à vida. O aborto causa danos emocionais muito fortes em mulheres que abortam, muitas não se perdoam, e depois em uma nova gestação muitas delas sentem a dificuldade causada pela culpa em ser gestante novamente. Assim, o aborto não espontâneo, além de causar a morte de inocente, tem consequência psíquica para a mãe.

4

A FELICIDADE DA MULHER CONTEMPORÂNEA NO MODELO DE MARIA DE NAZARÉ

Deus criou o ser humano para a felicidade, não a felicidade sentimento, mas a felicidade de ser. Sobre a essência do ser, a fenomenologia do ser, Edith Stein escreve:

> Sendo Maria o protótipo da mais pura feminilidade, cabe à formação feminina ter como objetivo a imitação de Maria. Uma vez que a distribuição das graças foi confiada à Rainha do céu, não será suficiente levantar os olhos a ela para chegar ao objetivo, será necessário segui-la com confiança. Não se trata de um caminho da imitação de Cristo: seguir Maria inclui a imitação de Cristo, pois foi ela a primeira a segui-lo e a imagem mais perfeita de Cristo. Por isso, não são apenas as mulheres, mas todos os cristãos que devem imitar Maria. Para as mulheres, ela tem, porém, um significado especial: o de leva-las à sua forma adequada, feminina, da imagem de Cristo (STEIN, 2020, p. 179).

A pessoa amada encontra o sentido da vida, encontra a felicidade plena. E a felicidade plena está na essência do ser.

Maria de Nazaré é bendita entre todas as mulheres; essa é a exclamação de Isabel ao receber Maria: "Bendita és tu entre as mulheres e bendito é o fruto de teu ventre" (Lc 1, 42b). Bendita porque acreditou, porque foi obediente e a obediência aqui não se trata de submissão, e sim de esperança, uma obediência ativa, repleta do Espírito Santo. Bendita entre todas as mulheres, feliz és Maria, Mãe de Deus e Mãe dos filhos adotivos; ou seja, Mãe de toda a humanidade. Feliz porque acreditou nas promessas de salvação e soube esperar em Deus, toda a manifestação e revelação de seu Deus.

A verdade sobre a pessoa, o ser humano, é que: foi criado para o amor, ou seja, para amar e ser amado. Diz o *Mulieris Dignitatem* no § 30a: "A dignidade da mulher está intimamente ligada com o amor que ela recebe pelo próprio fato da sua feminilidade e também com o amor que ela, por sua vez, doa". E no § 30b:

> [...]. Na presente reflexão observamos o lugar singular da "mulher" nesse texto-chave da Revelação. Além disso, é preciso observar como a própria mulher, que chega a ser "paradigma" bíblico, se encontra também na perspectiva escatológica do mundo e do homem, expressa no Apocalipse. É "uma mulher vestida de sol" [...]. Pode-se dizer: uma mulher à medida do cosmos, à medida de toda a obra da criação. Ao mesmo tempo, ela sofre "as dores e o tormento do parto" (Ap 12, 2), como Eva "mãe de todos os viventes" (Gn 3, 20).

Nesse texto, tem-se que a dignidade da mulher está no amor, bem como a sua vocação universal, e se realiza na prática nas múltiplas "vocações" da mulher na sociedade e na Igreja.

Felipe Aquino (2011, p. 158) diz: "Maria é o molde divino, uma vez que o pecado jamais lhe destruiu a 'imagem e semelhança de Deus' (Gn 1,26)". "Maria é a verdadeira 'árvore da Vida', pois seu fruto, Jesus é a Vida" (AQUINO, 2011, p. 161). Maria de Nazaré é o molde para todo ser humano – homem e mulher – em sua singularidade e dignidade, o divino e humano se encontram mostrando que na fragilidade, na vulnerabilidade de cada ser humano, Deus se faz Luz. Maria de Nazaré deu ao mundo a verdadeira Luz, que em cada ser humano brilha irradiando o Bem maior, que com todo o cosmo brilha em cada coração humano, na busca do ser completo em Deus.

Agora, falando sobre a devoção à Maria de Nazaré, Maria de tantos dons e títulos. São Luís Grignion de Monfort (Tvd, n.164, p. 108) escreve sobre a devoção à Maria de Nazaré: "Está devoção é um meio seguro para ir a Jesus Cristo, porque pertence à Santíssima Virgem e lhe é próprio conduzir-nos a Jesus Cristo [...]". Também de São Luís Grignion de Monfort, encontramos em Maria de Nazaré o exemplo em: agir como Maria; agir em Maria; agir por Maria, e o agir para Maria, porque: "O que lúcifer perdeu por orgulho, Maria ganhou por humildade. O que Eva condenou e perdeu pela desobediência, salvou-o Maria pela obediência" (MONFORT, Tvd, n. 53, p. 41). Jesus Cristo é o fim último de toda devoção à Santíssima Virgem.

A mulher como pessoa precisa compreender que a Trindade é puro amor e que Dele nada de ruim pode vir, pois, caso contrário, deixaria de ser Deus, é amada e desejada por Deus como tal, em sua singularidade feminina.

> "Deus é amor: quem permanecer no amor permanece em Deus e Deus nele" (1Jo 4,16). Essas palavras da Primeira Carta de João exprimem, com singular clareza, o centro da fé cristã: a imagem cristã de Deus e também a consequente imagem do homem e de seu caminho. Além disso, no mesmo versículo, João oferece-nos, por assim dizer, uma fórmula sintética da existência cristã: "Nós conhecemos e cremos no amor que Deus nos tem". (BENTO XVI, Deus é Amor – Deus Caritas Est § 1)

Se o ser humano compreendesse o Amor de Deus? Se o ser humano compreendesse o Amor Ágape de Deus, seria muito mais feliz. Amor Ágape de Deus, que é uma centelha em semelhança ao amor de uma mãe por seu filho. Quando o ser humano tem a graça de compreender, de sentir o amor de Deus, quer corresponder a esse amor, compromete-se com esse amor. São João Paulo II, em sua catequese do dia 2 de dezembro de 1995, diz: "As mulheres têm necessidade de descobrir esta estima divina, para tomarem cada vez mais consciência da sua elevada dignidade". Ainda: "A figura de Maria manifesta tal estima de Deus pela mulher, que priva de fundamento teórico qualquer forma de discriminação. [...]. Olhando para a Mãe do Senhor, as mulheres poderão melhor compreender a própria dignidade e a grandeza da sua missão" (AQUINO, 2014, p. 35). Ser mulher tendo Maria de Nazaré como modelo não é ser perfeita, não é não errar, mas é viver o seu dia a dia na presença de Deus, ouvindo a Deus, é caminhar e no caminhar descobrir a vontade de Deus para a sua vida.

Maria de Nazaré como modelo de Vida: do Magnificat faz a sua oração (Lc 1,46). No Magnificat, ela deixa claro toda a sua humildade e toda a sua sabedoria e submissão à vontade do Pai, que é puro Amor. São Luís de Monfort (Tvd, n. 255, p. 163) diz: "Há neste cântico mistérios tão grandes e tão ocultos, que os próprios anjos ignoram".

CONCLUSÃO

O desafio de falar sobre a mulher, buscando a feminilidade dela, não o feminismo, mas sua feminilidade, que é a essência do ser mulher, é um projeto de alguns anos e, agora, uma realização. Na magnitude do Amor de Deus por cada filho seu, está o sentido de vida de cada ser humano, chegando à conclusão de que se, de alguma forma em toda a sua dimensão, o ser humano perder o sentido de existir, perde o valor de si, perde a dignidade, em que a justiça e o direito deixam de existir.

Ter Maria de Nazaré como modelo de virtudes, para a contemporaneidade, para o ser humano – homem e mulher –, não com um olhar ambíguo para a perfeição, que leva a ideologias, mas com um olhar ambíguo de misericórdia, tendo a consciência de que a misericórdia não resolve todos os problemas existenciais, mas de que é um caminho para o ser humano contemporâneo, esse é um dos objetivos deste livro. Não um discurso ético moralista, que leva também para um discurso ideológico, mas mostrar que, por meio da literatura sistemática, pode-se ter sim a ética como motivação para o estudo epistemológico do existir enquanto ser humano. No caminhar, ou no caminho de Maria de Nazaré, o ser humano encontra todas as virtudes, para fazer a vontade do Pai. Essas virtudes levam todos ao caminho do bem, da alegria e da felicidade plena, que é para isso que a humanidade foi criada, para a felicidade plena de ser.

As diferenças do gênero humano abrangem a compreensão entre masculino e feminino a partir de uma questão mais ontológica do que social ou cultural. O gênero feminino não precisa se igualar ao gênero o masculino, por natureza, são diferentes. Ninguém é igual a ninguém, somos únicos. Basta a mulher ser ela mesma, ou seja, valorizar quem ela é, valorizar a sua missão e o seu ser humano – em quem está a singularidade do feminino e do masculino. O ser humano é humano quando sai da subjetividade e torna-se coletividade. Na medida em que o ser humano sai de si mesmo, sai de sua subjetividade, torna-se mais livre e humano. É essa a singularidade de Maria de Nazaré, na medida em que foi caminhando, foi se humanizando, foi se integrando ao povo, em sua humildade em que guardava tudo em seu coração, não compreendia tudo, mas guardava tudo em seu coração; foi vivendo a liberdade de em tudo fazer a vontade do Pai.

A conclusão do documento apostólico *Mulieris Dignitatem*, no § 31, diz: "Se tu conhecesses o dom de Deus' (Jo 4, 10), diz Jesus à samaritana num daqueles admiráveis colóquios, nos quais ele mostra quanta estima tem pela dignidade de cada mulher e pela vocação que lhe consente participar da sua missão de Messias". O dom de Deus, a missão de ser mulher, confiada a todas a mulheres que, pela ação do Espírito Santo, podem descobrir o significado completo de o ser – mulher –, e assim encontrar sua verdadeira essência em sua singularidade.

Compreender a dignidade de Maria de Nazaré e encontrar nela a dignidade da mulher contemporânea é compreender que Maria de Nazaré é "ponte", é ela quem indica o caminho para o seu Filho Jesus Cristo. Compreender a singularidade de Maria de Nazaré é compreender a singularidade da vida na sua dimensão feminina e masculina.

REFERÊNCIAS

AGOSTINHO, Santo. **A Virgem Maria**. Organização geral: Ir. Nair de Assis Oliveira. São Paulo: Paulus, 1996.

ALES BELLO, Angela. **Introdução à Fenomenologia**. Tradução de Ir. Jatinta Turolo Garcia e Miguel Mahfoud. Bauru-SP: EDUSC, 2006.

ALMEIDA, João Carlos (org.). **Uma leiga chamada Maria**. São Paulo: Editora Santuário, 2019.

AQUINO, Felipe. **A Mulher do Apocalipse**. 9. Ed. Lorena-SP: Editora Cléofas, 2011.

AQUINO, Felipe. **O Glorioso São José**. 4. Ed. Lorena-SP: Editora Cléofas, 2014.

BARBAGLIO, Giuseppe. **Jesus, hebreu da Galileia**. 2. Ed. São Paulo: Editora Paulinas, 2015.

BENTO XVI, **Deus Caritas Est**. São Paulo: Edição Loyola, 2006.

BÍBLIA. Português. **A Bíblia de Jerusalém**. Tradução de Euclides Martins Balancin *et al*. São Paulo: Paulus, 2002.

BOFF, Clodovis M. **Introdução à Mariologia**. 6. Ed. Petrópolis-RJ: Editora Vozes, 2012.

BOFF, Clodovis M. **O cotidiano de Maria de Nazaré**. 2. Ed. São Paulo: Editora Salesiana, 2003.

BOFF, Clodovis. **Dogmas Marianos Síntese Catequético-Pastoral**. São Paulo: Editora Ave-Maria, 2010.

BOFF, Leonardo. **Ave Maria. O feminino e o Espírito Santo**. 5. Ed. Petrópolis-RJ Editora Vozes, 1997.

BOFF, Lina. **Mariologia:** Interpretações para a vida e para a fé. Petrópolis-RJ: Editora Vozes, 2019.

CNBB. **Documento 105 Cristãos Leigos e Leigas na Igreja e na Sociedade**. São Paulo: Editora Paulinas, 2016.

DOCUMENTO DE APARECIDA. **V Conferência Geral do Episcopado Latino-Americano e do Cariba**. [S. l.]: Editora Paulinas, 2007.

FRANCISCO, Papa. **Amores laetitia.** Sobre o amor na Família. 1. Ed. [S. l.]: Editora Paulinas, 2016.

FRANCISCO, Papa. **Ave Maria**. São Paulo-SP: Editora Planeta, 2019.

FRANCISCO, Papa. **Christus Vivit**. São Paulo-SP: Editora Paulus, 2019.

FRANCISCO, Papa. **Evangelii Gaudium.** A alegria do Evangelho. São Paulo-SP: Edições Loyola, 2013.

GIBELLINI, Rosino. **A teologia do Século XX**. 3. Ed. São Paulo-SP: Edições Loyola, 2012.

JOÃO PAULO II, **A Dignidade e a Vocação da Mulher Mulieris Dignitatem**. 6. Ed. São Paulo: Paulinas, 2005.

JOÃO PAULO II, Papa. **Evangelium Vitae. O valor e a inviolalibilidade da vida humana**. São Paulo: Editora Paulinas, 1995.

JOÃO PAULO II, Papa. **Laborem Exercens, Mediante o Trabalho**. Edição em PDF. Vaticano, 2020.

JOÃO PAULO II, Papa. Organizado por Prof. Felipe Aquino. **A Virgem Maria 58 Catequeses do Papa sobre Nossa Senhora**. 7. Ed. Lorena-SP: Editora Cléofas, 2014

JOÃO PAULO II. **Catecismo da Igreja Católica**. São Paulo: Editora Loyola, 2000.

LARRANAGA, Inácio. **O silêncio de Maria**. 7.ª reimpressão. São Paulo: Paulinas, 2019.

LIGÓRIO, Santo Afonso de. **Glórias de Maria**. 23. Ed. Aparecida-SP: Santuário, 1989.

MONFORT, Luís Maria Grignion de. **Tratado da verdadeira devoção à Santíssima Virgem**. Petrópolis-RJ: Editora Vozes, 2005.

MORICE, Henri. **A Mulher Cristã e o Sofrimento**. Niterói-RJ: Editora Caritatem, 1940.

MURAD, Afonso. **Maria toda de Deus e tão humana**. Editora Santuário, 6ª reimpressão, 2017.

STEIN, Edith. **A ciência da cruz**. 3. Ed. São Paulo: Editora Loyola, 2002.

STEIN, Edith. **A mulher:** sua missão segundo a natureza e a graça. Campinas-SP: Editora Ecclesiae, 2020.

STEIN, Edith. **Ser finito e ser eterno**. Aparecida-SP: Editora Gen Forense Universitária; Editora Aparecida, 2019.

VATICANO II, Compendio do. **Lumen Gentium**. 18. Ed. Roma: Paulinas, 2005.

SITES

BOFF, Lina. Maria de Nazaré: A mulher que faz os caminhos judeus-cristãos. Disponível em: https://www.a12.com/academia/artigos/a-mulher-que-faz-os-caminhos-judeus-cristaos. Acesso em: 07 jan. 2020

Este texto faz parte de cobertura colaborativa entre a Marco Zero Conteúdo (Débora Britto) o Terral Coletivo de Comunicação Popular (Catarina de Angola) e o Brasil de Fato Pernambuco (Monyse Ravenna). Em 18 07 2019. Disponível em: https://www.revistabravas.org/ivone-gebara-por

https://marcozero.org/ivone-gebara-precisamos-rever-a-luta-pelo--estado-laico-e-o-papel-das-religioes/. Acesso em: 26 out. 2020.

FOTOS

Casa de Maria

Fonte: a autora

"Mãe da Igreja"

Fonte: a autora

Mãe da Igreja

Fonte: a autora

Casa da Sagrada Família

Fonte: a autora

Sinagoga em Nazaré

Fonte: a autora